精益实践手册
一本小白都能看懂的精益本质指南

闫雅隽　著

中国建材工业出版社

图书在版编目（CIP）数据

精益实践手册：一本小白都能看懂的精益本质指南 / 闫雅隽著． -- 北京：中国建材工业出版社，2023.4
ISBN 978-7-5160-3660-0

Ⅰ．①精… Ⅱ．①闫… Ⅲ．①装配式构件－建筑企业－工业企业管理－手册 Ⅳ．① F407.96-62

中国版本图书馆 CIP 数据核字（2023）第 007308 号

精益实践手册：一本小白都能看懂的精益本质指南
JINGYI SHIJIAN SHOUCE：YIBEN XIAOBAI DOUNENG KANDONG DE JINGYI BENZHI ZHINAN
闫雅隽　著

出版发行：	中国建材工业出版社
地　　址：	北京市海淀区三里河路 11 号
邮政编码：	100831
经　　销：	全国各地新华书店
印　　刷：	北京印刷集团有限责任公司
开　　本：	710mm×1000mm　1/16
印　　张：	14
字　　数：	220 千字
版　　次：	2023 年 4 月第 1 版
印　　次：	2023 年 4 月第 1 次
定　　价：	50.00 元

本社网址：www.jccbs.com，微信公众号：zgjcgycbs
请选用正版图书，采购、销售盗版图书属违法行为
版权专有，盗版必究。本社法律顾问：北京天驰君泰律师事务所，张杰律师
举报信箱：zhangjie@tiantailaw.com　举报电话：（010）57811389
本书如有印装质量问题，由我社市场营销部负责调换，联系电话：（010）57811387

前言

在我写下本书第一个字的时候，心底并没有一个完善的框架，放着自己喜欢的音乐，抱着电脑，凭借着"我要写出一本书"的想法，开始了长达一年的写作之旅。

其间，数次因为不知道该写什么想放弃，但是翻开自己写过的文字，就觉得于心不忍，都是一个字一个字敲出来的，好吧，继续吧。

最后终于完成了。

其实一定要写完这本书的决心源于一个客户的一句话。他说，复杂的管理方法讲出来并不难，把复杂的管理方法用简单的话讲出来，让大家都听得懂是最难的。

我一直喜欢用自己的方式，也就是大白话去讲解一些原本晦涩难懂的知识，我的学员、我的客户都非常赞同这种方式。

既然是喜欢的，热爱的，别人也可以接受的，还是行业里没有人做过的，而且有一点难度的事情，我是一定要做做看的。

所以就有了这本书。

本书是一本讲精益的书，是一本人人能看懂的精益管理书籍。能让人们在工作中运用它，这是我的期待。

我觉得精益未来有一天一定可以流行起来，因为无论企业还是个人，都可以使用它的智慧和工具解决很多实际的问题。

我很幸运遇到你。因为，这样我就有机会用自己的方式把精益带给你，帮助你，也帮助精益，让更多的人认识它。

作者

2023 年 2 月

推荐语

我工作三十余年，二十多年与各种装配式预制混凝土构件打交道，在一线从事预制桥梁、地铁管片制造到 PC 构件工厂管理，无时无刻不在追求精益制造的精髓，目的是提高产品质量、降低制造成本和控制工期。近十年我更是全身心投入装配式建筑这个新型产业中，担任装配式建筑 EPC 企业技术总监，对行业现状的理解加深后更觉精益建造是实现行业转型发生质变的灵魂，是实现智能建造的根基。

当看到闫雅隽女士发我的书稿，心中不禁一震，大白话讲精益建造，还是装配式建筑行业这个热点，能说明白吗？几乎是一口气读完书稿，心中疑问终于释然！作者把"像造汽车一样造房子"落到了实处，把精益建造鼻祖"丰田模式"真正移植到装配式建筑行业，将高大上的管理理论，让普通工厂管理者和广大装配式建筑从业者都能看明白，做到了接地气、可复制、可推广！

北京住宅产业化集团　杨思忠

作者用讲大白话的方法，结合生活中各种生动的案例为读者解析精益的理念和工具方法，层层递进，从战略层到实操层，将企业的管理优化模型进行全景呈现。

对于广大中小企业来说，实现智能制造是最终的发展目标，在此之前，可以通过自主推进精益管理实现数字化之前的业务流程梳理及优化改善。本书提供了自主推进精益的全部"套路"，用轻松宜阅的方式帮助读者理解并使用精益。

山西建投建筑产业有限公司　李军红

建筑业和工业化的融合,给我们提出了新的挑战——具有建筑施工行业管理思维的建筑人走进工业化的车间、生产线,如何才能发挥既有优势与工业化深度融合,从而更好地推进装配式建筑快速发展呢?

闫雅隽女士将工业化领域里发展多年并大行其道的精益生产模式引入装配式建筑行业,用浅显易懂的文字娓娓道来,让读者以"乐读书"的心态掌握精益管理的核心理念。

山西建投建筑产业有限公司　安建良

闫雅隽女士作为资深的精益管理项目经理,有着丰富的实践经验和理论基础。建筑的产业化转型迫切需要将原先粗放式的生产方式向现代工业化、精细化管理方式转变,而精益管理理念和管理系统的导入正好契合了建筑工业化转型的需求。

本书以实际案例为依托,视角观点突破"规矩",对企业管理者具有一定的启发和帮助。

山西建投晋东南建筑产业有限公司　程江淮

精益管理是现代建筑工业化管理的必经之路,雅隽老师的这本书写作手法新颖,把"求新+求变"贯穿于建筑工业实践中,对企业良性发展大有益处,值得借鉴。

山西建投晋东南建筑产业有限公司　李勇胜

雅隽老师通俗易懂地将精益生产的底层逻辑植入装配式建筑工业的实践中,不仅开行业之先河,更是溯源了建筑工业化"两提两减"的本质目的,是我们每个装配式建筑实践人的必备书目。

太原市住房和城乡建设局装配式建筑专家　刘志强

当前，建筑业转型迫切需要将原先粗放式的生产方式向现代工业化、精细化管理方式转变，而精益管理理念和管理系统的导入正好契合了建筑工业化的转型需求，制造业转型亦是如此。在这个重要发展时期，雅隽老师以其丰富的实践经验和理论基础，用"大白话"深入浅出、旁征博引地讲述精益管理的本质，"手把手"教会读者如何做好精益管理。这是一本契合行业发展需求、突出实践案例、值得学习借鉴的匠心之作、经典之作，相信会为企业带来"脱胎换骨"的变化。

李文娟

本书通过浅显易懂的案例分享让读者轻松学会精益管理工具，既可以作为企业高层管理者拓宽管理视野、发展企业软实力的指导用书，也可以作为提升中基层从业者工作水平、助力车间提质增效的工具用书。

在当前建筑工业化快速发展的背景下，这本书尤其具有积极的指导意义。

宋振华

雅隽老师的这本书阐述了自己的思想体系和实践体会，写作手法新颖，文笔流畅，层次分明，给人一种精益管理与建筑工业化相融合的耳目一新之感，是值得装配式行业与各企业人士学习、阅读的经典之作，相信这本书的出版对企业管理创新大有益处。

沈博一

建筑产业化的发展有精益管理贯穿其中才会焕发勃勃生机。立禾科技经过多年实践，辅导众多公司开启精益管理之路，成果累累。本书凝结着雅隽老师一番心血，受益良多。

陈利元

本书详细介绍了精益的内核及原则，结合装配式建筑案例呈现了"流动化"落地实战攻略，并将精益里的七大浪费、5W根因工具、PDCA、TPM等工具进行了详细解析；同时，解释了工具和价值之间的逻辑关系，破解了部分企业"过度使用工具"、忽略"最终价值优化"的怪圈。

韩盎

企业导入精益生产管理方法是一种全新的变革，为企业发展注入了全新的血液和活力，全面提升了核心竞争力。雅隽老师的这本书见解独特，内容丰富，是企业高效运营的法宝，指导性很强，非常值得推荐。

郭姣

闫老师的这本书阐述了自己的精益管理理念，构建了建筑工业化领域的精益管理体系，将精益管理与建筑工业化融会贯通，为建筑工业化的精细发展蹚出了一条创新之路。同时，本书也适合更多制造业从业者学习借鉴。

杨智杰

近年来，在国家装配式建筑政策的大力支持下，各地装配式建筑工厂如雨后春笋般地出现，厂房设备等硬件设施齐备且高端。随着工厂投产运营，和传统制造业一样，都逐渐出现了车间环境差、制造成本高、构件质量差、交付周期长、材料库存高等日常运营管理问题，特别是各种问题的相互交织，使工厂管理团队面临管理上的综合性挑战。

就单一课题而言，如何找原因、定对策、能落地、可闭环，实现绩效指标持续提升；面对综合性管理挑战，哪些业务流程可慢调整，哪些管理领域要快突破，才能打造低成本、准交付、高质量的装配式建筑工厂。

本书将传统制造业发展过程中总结的工厂运营管理方法工具，以工厂价值与价值流为切入点，以装配式建筑行业的智能制造为目标，分章节描述了解决装配式建筑工厂运营问题的理念、方法与工具，以一种通俗易懂的讲述方式展现给读者，适合装配式建筑工厂总经理、分管生产副总、各类构件厂厂长、班组长以及初入工厂的新人阅读。

精益管理专家　张光旭

精益管理方式已经成为全球公认的最有效的管理方式之一，越来越多企业开始导入和推行精益管理，但不少企业都面临着内部精益人才短缺、管理干部缺少精益思维和方法的困境，导致精益转型缓慢、效果大打折扣。

雅隽老师帮助过多家企业从零开始成功实现精益转型。本书汇集了她长期以来总结的精益推进经验，能够帮助管理层了解精益理念、突破管理思维、提升管理能力，从而帮助企业快速突破精益转型障碍，踏上精益变革之路。

精益管理专家　葛忠良

目 录

第一部分 精益和智能制造的内核

第一章 精益价值流初认知……………………………………3
第二章 精益原则………………………………………………7
第三章 装配式建筑行业的智能制造………………………… 20

第二部分 构建那条流动的线
（装配式建筑行业实例）

第四章 回到精益原则，让产线流动………………………… 31
第五章 流动的奥妙之节拍化生产…………………………… 39
第六章 流水线条件创造……………………………………… 51
第七章 让产线开始流动吧…………………………………… 68

第三部分　动力轮转之工具使用

第八章　七大浪费及浪费消除……………………………… 83

第九章　思维管理之 5W 根因思维工具………………………116

第十章　PDCA 工具……………………………………………120

第十一章　TPM 工具……………………………………………128

第十二章　TWI-JI 工作指导……………………………………141

第十三章　快速换模……………………………………………148

第十四章　ECRS 改善法…………………………………………154

第十五章　5S 和目视化巧应用…………………………………161

第十六章　提案改善（创意功夫）………………………………172

第四部分　动力轮转之精益落地套路

第十七章　获得支持……………………………………………183

第十八章　找到突破口…………………………………………186

第十九章　来到现场寻找问题…………………………………190

第二十章　精益推动的持续性动力……………………………193

第二十一章　正式推动的时候，敢不敢写出来………………196

第二十二章　题外话——信息化是工具还是债主……………204

第一部分

精益和智能制造的内核

第一章 精益价值流初认知

直击核心，从价值流角度看精益。

精益到底是什么？我想很多人都有一些关于精益的零散的认知，很多关于精益的词汇也会脱口而出，比如5S（整理、整顿、清扫、清洁、素养），TPM（全员生产保全），提案改善等等。但是从这些描述中，我们会发现，似乎大家对于精益的认知都各有不同，精益在每个人眼前呈现的样子也不是一样的，那么从咨询师的角度来看，精益到底是什么样子的呢？

精益视角简单来说就是高空视角，不管是3000米、5000米，还是在宇宙中俯瞰地球，你必须有全景的视野，这样才不会被片叶遮目。

简单来说，当我们来到一片稻田的时候，不论你眼前的稻子是什么造型，你看到的都是目光所及的景致。如果给你一个热气球从原地开始飞升，你看到的可能是外星人，长城的图案又或者是其他的图像。

那这个视角就叫作"精益视角"，我们来到高空中到底要看什么呢？

看"价值"，看"价值的流动"。

什么是价值？

当我们到医院看病的时候，价值就是我们在医生面前问诊，去化验和检查的地方实际进行和诊疗相关活动的事情，与看病相关的都是价值。

有人会说,那都去医院了,当然都是和看病相关的事情,都是有价值的。

我们在医院看病的时间常常都非常漫长,大多数的时间都来自等待。但是那些等待的时候,我们并没有发生和诊疗相关的实际活动,实际是在等待这些活动的发生,这些都属于"无价值"的活动。

又有人会说,那检查排队时必须等啊,不等就做不成啊,那么多人都在那边。

是的,无价值的事情常常伴随价值时间存在。尽管是伴随,但是,它还是无价值的。

说到这里,读者是否对于我们看的"价值"时间有一定的了解?

在工厂里,我们看什么?

说客户要一种产品,要经过1、2、3、4,四道工序,客户每天要80个。我们每两周从供应商那里进货一次。

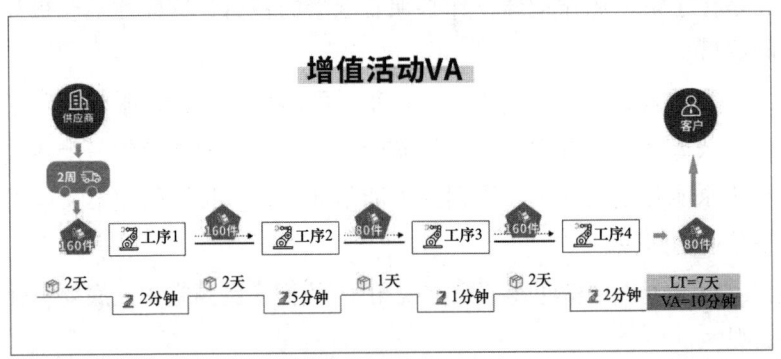

工序1生产1个产品的加工时间是2分钟,工序2生产1个产品的加工时间是5分钟,工序3生产1个产品的加工时间是1分钟,工序4生产1个产品的加工时间是2分钟。

但是,这个产品可不是从工序1就直接生产到工序4结束了，由于每道工序是分开的，不同的车间旁边还有物料的暂存区。工序 1 暂存区存放 160 个半成品，工序 2 暂存区存放 160 个半成品，工序 3 暂存区存放 80 个半成品，工序 4 暂存区存放 160 个半成品。

看这个过程，结合我们熟悉的看病流程，这个过程中什么属于价值呢？

愿意买单的部分有哪些呢？是每道工序的加工时间，因为从客户的角度来说，一个原材料是成为他们愿意购买的产品必须要经过 4 道工序，所以，价值时间就是：

工序 1（2 分钟）+ 工序 2（5 分钟）+ 工序 3（1 分钟）+ 工序 4（2 分钟）=10 分钟

那客户每天只需要 80 个产品，工序 1 存放的 160 个半成品可以提供两天的产品，以此类推，工序 2 是两天的库存，工序 3 是一天的库存，工序 4 是两天的库存。

这个时候定义生产周期就是从原材料进来到生产出产品的总时间，不论因为什么原因在这个工厂中，它没有从原材料变成产品，那么这些时间就都属于生产周期时间。

所以，总的产品周期时间就是 10 分钟 +2 天 +2 天 +1 天 +2 天 =7 天又 10 分钟。

$$增值时间百分比 = \frac{增值时间}{周期时间} = \frac{10 \text{ 分钟}}{7 \text{ 天} + 10 \text{ 分钟}} = 0.066\%$$

在总的时间中，只有增值时间才是客户需要的部分，其他的都属于等待或者其他时间，我们的客户是不会为这个部分买单的。

我们在就医过程中，只有实际看病的部分是我们就医、检查、治疗的时间，其他等待的时间作为患者来说是不愿意的，属于非价值时间。

重点来啦，那么精益的作用到底是什么呢？

精益的核心就是帮助企业增加增值时间的百分比,从而帮助企业达到效率提升,成本降低,利润增加的目标。

从增值时间的占比我们可以看出,增值时间在一个公司的生产流程里是极有限的,也就是说我们通过置换设备等方式去提高那些有限的效率,并不能显著帮助增值时间百分比增加。不增值部分与成本息息相关,它真实地发生,真实地使用企业的人力、物力、场地。

所以,这个价值百分比就是精益的核心关注点,我们通过价值的识别,画出企业的价值流图来。

然后通过对图的分析,使用精益的十八般武器也好,还是使用三十六般变化也罢,都是着力减少非价值事件。

着力减少非价值事件,这样分母部分就会变小,我们的增值百分比就会增加。

我想,现在,精益管理在你的心中应该不再是一个模糊的概念了吧。

第二章　精益原则

我们重新回到精益的基本原则和工具方法上，从另外一个角度去审视精益的内核。

请读者在学习的过程中不断的试验我们的工具方法，以建构对于精益的整体性思维。只有从局部到全面，从下到上，然后从上到下分析，才能真正理解精益的核心。

只有实践过，自己有了新的思考，再来看精益的"初心"，我们才更明白自己"所做为何"，也更能明白"精益到底是什么"。

我们先从精益的五大原则开始介绍。

1990年，第一本关于精益思想的书籍《改变世界的机器》出版，这本书解析了日本丰田的生产管理方式。

话说，丰田不是一天成为丰田的，最初世界对于丰田的认知不过是"福特"的追随者，但是后来竟然一路追赶超过了福特，当时这本书的作者设计了一个专门的"丰田模式"研究模式，在500万美元的资金支持下，写出了这本著作。

事实上，这本书的内核也确实改变了后期的世界工业格局，并改变了工业的管理方式。

在后来的《精益思想》中，精益思想被概述为5个原则：精确定义特定产品的价值；识别出每种产品的价值流；使价值不间断地流动；让客户从生产者方面拉动价值；永远追求尽善尽美。

精益思想的价值是很高的，但是首先明确的是精益是一个系统工程。它并非某一个或者几个工具的随意应用，而是在价值流分析的基础上，通过一系列有效的手段，增加价值百分比比例。因为它涵盖了公司经营的全流程，任何单点的突破和改善都无法产生全局性的影响，所以才有体系概念的导入。

公司实施的精益就是要求我们需要建立一个体系化运作的机制，聚焦于核心价值流，重建这种体系生态圈。

从未有一个企业使用单独的工具就取得了很好的效果，精益思想告诉我们，需要建立一个关于价值的体系。

1. 体系的解析

体系就是大自然，有水，有空气，有光合作用。

在这个和谐的体系里，一切都像水一样流动，体系有生命，有支撑它运转的机制。我们生活在宇宙里，生活在地球上，体系对我们而言就是我们身边最微小循环的宇宙。

在我们的工作中，如果想推进一切都向好发展，就需建立一个个小的生态"鱼缸"，有空气、阳光、水草，这样不管鱼缸再小，我们在里面都能自由地呼吸和游动，因为它是生态型的，一切自然发生，体系的管理者也拥有了休憩和享受的自由。

所以，我们的工厂的体系是否都建立好了呢？

日常的工作是否如行云流水一般在进行，有固定的流程和工作内容？如果偶尔在这个过程里有突发的工作安排，我们是借用工作体系去应对，还是手忙脚乱需要事事"酌情处理"？

我在做咨询的时候，经常要面对满是惆怅的企业家，从他从未舒展的眉头开始，听他细说生产管理之难，用人之累，成本之高……种种困难。

我经常问他们，最大的难处是什么，很多人会告诉我"人才匮乏"，但是也会对这个问题有所怀疑，因为也曾高薪聘团队进入公司，但是结果未曾改变，难道是人资团队的集体失察？

我总是微笑着告诉他，不是人有什么样的问题才会导致什么样的结果，而是人进入一个有缺失或不健全的体系或组织里，无法依赖于体系的固有运行轨迹去发挥个人能动性。而过度依赖于以人治人，使管理者和被管理者都很辛苦，却也限制了个人能动性的发挥，管理就总也得不到好的效果。

著名的管理学大师戴明曾经说过，任何问题94%来自系统，而6%来自个人，所以一个好的体系足以帮助企业对抗很多的不确定性。

体系之于企业和个人，都是一样的，我们需要通过有效的工具去完善体系，也要通过体系去承载工具的运用。

2. 什么是价值

前文精益里最多谈的价值，那什么是价值呢？

理解了最初的看病和工厂案例，就明白价值是站在"客户"的角度上定义的。

价值要同时满足三个条件。

首先，要改变物理形态或者化学性质，也就是要有质的变化，客户要一个产品从一个原材料或者一种其他的基本形态成为客户接受的终极产品形态，这个称为价值。举个通俗的例子，我们去饭店里消费，站在消费者的角度，买单的价值部分就是一道道菜品，这些菜品在饭店里都是由生的蔬菜和肉经过大厨烹饪成为最终的菜品，这就是价值。

其次，是客户愿意付钱的，客户愿意买我们的服务，或者其他的周边的配套或者产品，只要这个过程，客户说愿意付钱，那就是有价值的。相对应地，你做了很多的工作，但是客户说不愿意为你的这个工作买单，那就不是价值。

最后，是一次就做对的，辛辛苦苦做了一个产品出来，有品质问题，可能要返工，那么这个产品对于客户来说，他是只愿意付一次钱的。

与价值对应的就是非价值活动了，由第一章的增值时间百分比我们知道在正常的作业过程中，非价值活动占据的比例是非常高的。精益就是通过降低非价值活动，以提高价值活动的比例。

精益就是通过降低非价值活动,以提高价值活动的比例。

对于任何行业来说,价值就是我们交付给客户的产品,是客户愿意买单的产品或者服务,它们必备的生产过程。

很简单,我们的客户是来买这个产品的,但是仅仅是这个产品,而非我们由于制造过剩的库存和各个环节上浪费。

从这个角度来说,关注价值本身的意义就是帮助我们剔除所有没有价值的部分,也就是剔除浪费。

如果树立了对于价值的思维,我们就会知道。客户愿意买单的部分就是我们要生产的,客户不愿意买单的部分我们如果也要投入成本,也只能是自己承担这部分费用。比如客户需要200个产品,我们由于计划不强,生产了300个,大家之前会觉得那就放着等下一个客户使用也没有关系,那了解了价值以后就会明白一定不要在当下生产出来客户不要的东西,因为它是没有价值的。

关于精益对于价值的定义,我认为是精益体系的一个核心组成部分,有效地识别价值可以帮我们聚焦于核心工作,并剔除浪费环节,从而让组织高效运行。

3. 价值流和流动

价值流就是让价值顺畅地流动,所以才要建立一个小的生态体系"鱼缸",因为有体系,有水一样的载体,价值才能顺畅流动起来。

价值流图是由大野耐一开发的,由于很多时候我们无法一眼识别出浪费,特别是在交界的区域。所以,他开发了物料与信息流图作为绘制流程的目视化标准方法,后来成为丰田流程改进的共同语言,成为丰田业务规划的工具之一,慢慢地,价值流图成为标准改进工具,并在很多行业作为战略规划工具。

所以，我们在本书最开始就在讲的价值流图其实是精益的内核，真正理解价值流的人才可以说自己是了解精益的。

价值流图其实就是我们行军打仗的沙盘，如果要制订一个比较好的作战计划，并且提前研判地方的作战意图，我们会在沙盘前进行模拟。

> 价值流图其实就是我们行军打仗的沙盘，如果要制订一个比较好的作战计划，并且提前研判地方的作战意图，我们会在沙盘前进行模拟。

价值流图的绘制是让我们从高空来看整个企业的运作，接着我们在这个价值流图上进行分析，应用精益工具进行改善，从而不断优化价值流图，达到精益生产的目标。

精益里最核心元素叫作流动，而流动也是流水线设计的原型。早在丰田时期，有三个不同的工厂在承接不同的车体的制造，前10天A工厂没日没夜地工作，再10天A工厂要做的活都做完了，B工厂接着忙起来，最后是C工厂。

三个工厂忙闲不均，后来丰田的管理者做了一个小小的改变，不需要A工厂全部做完所有的产品再转入B工厂，而是做一部分就放下去，B工厂也是一样的，再往后，就是我们看到的流水线形式，这种方式为丰田降低了大量制造成本，乃至今天，丰田依然是世界上最赚钱的车企。

这种价值流动方法，就像血液在血管里流淌，带有呼吸的节奏。

所以，做有价值的事情简单，让有价值的事情流动起来，不要让我们自己的工位成为血栓才是难的事情。

怎么让价值流动起来呢？

首先要识别价值，不是所有在流动的东西都有价值。然后要定义价值流，一个好的价值流应该是 A B C D E，不好的价值流是 A B C B C A D E。最后要让价值不间断地流动，一遍又一遍，反复向前。

这个时候你就需要"计划"这个工具了，计划会明确指向价值流，指导我们的价值流动的方式和时间卡点。

举个日常生活中小小的例子，让我们可以更理解价值流。

比如做一个肉丝炒豆芽是一个价值事件，通过这个吃饭（客户）的拉动，延伸出买菜、买肉、洗菜、切肉、切葱姜蒜、准备厨具、倒油、开火、放葱姜蒜、放肉、小炒、放盐、放豆芽、放调料、爆炒、起锅、摆盘。

那么这个价值事件怎样才能流动起来呢？

就是这件事情怎样才能行云流水般地运行起来。如果体系建构得当，包括规则也是得当的，如果是两人协作完成，两人同时去菜市场，可由一人买菜另一人买肉，这样买东西时间可以节省一半，回到家后，一人洗菜同时一人完成切肉和葱姜蒜并分别装盘备用，一人倒油开火放入备好葱姜蒜和肉，另一人准备好盛出的盘子，一人继续加入豆芽爆炒出锅放入盘子中。

再来看一个例子，我们来感受下流动。

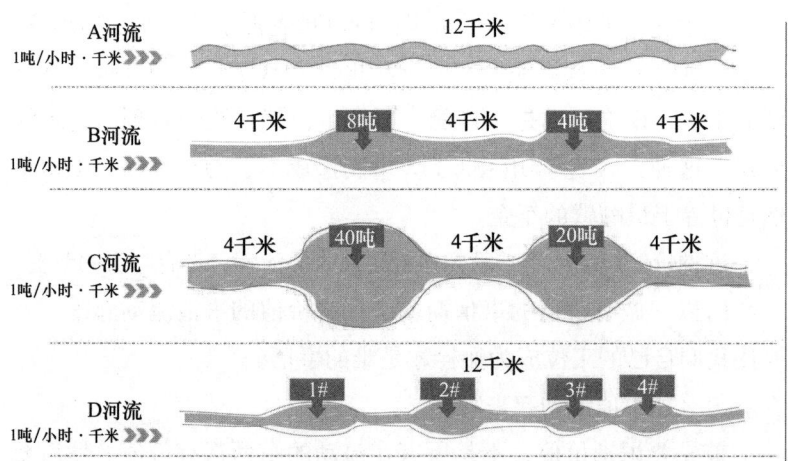

有四条河流A、B、C、D，海拔、深度与宽度一样，呈水平流动。A、B、C、D河流的流量均为1吨/（小时·千米）。A河流中没有水库；B、C河流中间均有两个水库；D河流中间的1吨/（小时·千米）水库数不确定。一周时间：7日×24小时/日=168小时。

问题是：

（1）A、B、C、D四条河水投入1吨从头流到尾时间分别是多少？（生产周期）

（2）A、B、C、D每周流量多少吨？（产能）

（3）A、B、C、D河流中间水量吨数多少？（中间在制品）

（4）产品周转次数是多少？（资金周转速度）

这是一道并不复杂的数学题，但是计算的过程却可以展示生产过程中的一些核心指标。

A河流：

（1）A河流生产周期：12千米÷1吨/（小时·千米）=12小时

（2）A每周流量多少吨？168小时（周）×1吨/（小时·千米）=168吨

（3）A河流中间水量吨数多少？12吨

（4）一周周转（周转次数）：168吨、12吨=14次

B河流：

（1）B河水投入1吨从头流到尾时间分别是多少？

12千米×1吨/（小时·千米）+4千米+8千米=24小时

（2）B每周流量多少吨？168小时×1吨/（小时·千米）=168吨

（3）B河流中间水量吨数多少？12吨+8吨+4吨=24吨

（4）一周周转（周转次数）：168吨÷24吨=7次

C河流：

（1）C河水投入1吨从头流到尾时间分别是多少？

12 千米 ×1 吨/（小时·千米）+40 小时 +20 小时 =72 小时

（2）C 每周流量多少吨？168 小时 ×1 吨/（小时·千米）=168 吨

（3）C 河流中间水量吨数多少？12 吨 +20 吨 +40 吨 =72 吨

（4）一周周转（周转次数）：168 吨 ÷72 吨 =2.3 次

D 河流：

（1）D 河水投入 1 吨从头流到尾时间分别是多少？

　　　　12 小时 +？小时 +？小时 =？小时

（2）D 每周流量多少吨？168 吨

（3）D 河流中间水量吨数多少？吨

（4）一周周转（周转次数）：168 吨/？吨 =？次

这道题就在解释流动的意义，当我们的生产线中间没有库存的时候，也就是没有水库存在时，产品就在最高效下流动。就如 A 河流一样，生产周期是最短的，库存也就是在制品是最少的，占用企业的资金是最少的，周转次数却达到了 14 次，意味着企业的资金可以被充分利用，次数越多，意味着资金利用率最高。

同样有已知库存的情况下，库存较小的 B 河流对比库存较大的 C 河流，生产周期更短，库存更少，周转次数更多，但是流量也就是生产产能却是一样的。这就说明当水库越小的时候，从头到尾生产周期就越短，积压越少，周转速度越快。

但是 D 河流的状态就犹如我们的日常生产中的常态，在工厂里，特别是在生产任务比较紧急的时候，库存管理就会呈现出 D 河流的状态，连生产周期都无法受控的时候，急单就会越来越多，插单现象就会频发，进而进一步加剧在库积压，到处都是货物，水库溢出，然后其他产品的生产周期就更加不可控，一切都成为未知。这种状态下，成本怎么可能控制得住？

所以，当价值流动起来的时候，我们会发现大量的时间被节省，我们的成本、资金都会有控制的办法和空间，但是这一切都是依赖于对于价值流的全景认知以及改善价值流体系的建立。

即使是工作中的小事，如果按照体系思维架构，按照价值流动的想法去构建，按照计划去执行，都会有非常好的结果，这就是流动的意义。

4. 尽善尽美和企业精益模型

尽善尽美是精益体系持续改善的方式，这个体系一旦建立好，不是长长久久使用一辈子的，我们的工作体系和生活体系需要持续的改进，需要借助"提案改善"工具的实施。并且，更多的时候，虽然我们聚焦于某一个点的改善，但是尽善尽美的核心是用提案改善铸就一个系统的魂，是改变人的工具。用工具建立精益生态系统，再由系统支撑工具的运用，不断改善我们的体系，一次又一次，这种循环往复不断向前的过程就是尽善尽美。

由价值流的解析我们已经知道，我们是要以增值时间百分比提高作为目标的，但是怎么提高呢？如果作业方法一成不变的话，我们想要的结果会出现吗？

这个犹如人生，我们希求一个好的结果，总要在这个过程中去做一些改变，有目标地改变，有步骤地实施。

精益中的改善就是如此，不论是在改革层面，我们针对企业的体制进行变革还是对企业既有流程进行变更，还是针对企业的业务如管理流程和布局改善，或者是针对5S及现场层面的一些浪费消除及改善，它们的目标都是尽善尽美。

针对价值流识别有问题的点，使用对应的工具进行改进，使用提案改善的方式不断优化，让企业成为一个圆满的主体，就是精益推进的一般流程。

根据既往经验建立了一个精益企业的发展动力模型，通过这个模型你能更加理解精益的很多观点。

精益企业就是一条线和很多很多的圆圈（轮子）。

为什么是一条线？

当我们尝试用高空的视角看精益的价值流时，会发现公司的流程和流程之间被割裂了。比如我们的工序之间被库存和在制品割裂，设备原本行云流水的运行被等待割裂，原本规划好的物流路线总是被不知哪里来的物料阻断。

所以，当我们从另外一个视角看公司运营的时候，它们就像是很多断线，一节一节地散落在各处，这样一支稀松的团队，怎么能创造出我们想要的绩效呢？

所以第一步，先让这些一段一段的短线，连成一条长线。当连成一条线的时候，意味着它们就可以用统一的步调前进，因为它们之间有了链接，这就是要形成流水线的原因。

但是这还不够。

因为当把所有的短线连接起来的时候，我们得到的这条线真的太长了，就像贪吃蛇里吃过很多果子的大蛇，弯弯曲曲。

我们游戏玩到最后，难度也会越来越大，就是因为蛇吃了太多的果子，它的身体太长了。所以即便它可以拽着自己那么长的身体转动，也不是我们要的最终的状态。

所以，在价值流图上，当所有的点串成线，只是第一步。

第二步，就是让这条长长的线，变得短一些，精巧一些。

完成了松散型组织的连结后，就必须完成长组织的精巧化重组，贪吃蛇在最初的形态中，就是一条尾巴短短的小蛇，在行进过程中，并不需要过度关注它的行进路线，它转弯迅速。如果我们瞄定了一个目标，贪吃蛇可以迅速来到这个目标附近，如果它拖着长长的尾巴，就很难迅速达到我们希望它到的地方。

> 这是精益企业的初级形态，成为一条精巧的短线，串联所有的环节流程，这样的企业，一定是效率极高的企业。

但是，这还是不够的。

如果企业现在处在山脚的位置，我们来仰望山顶的头部企业，然后准备攀登高峰去追赶甚至于超过那些目标企业的时候，虽然我们有着精巧的身形，但是却发现在攀登过程中缺少一些什么。

缺的是轮子。

尽善尽美如果可以图示化，其实是一个一个的圆形。当我们来进化这些圆形的时候，它们就具备了驱动力，像给企业的那个线体组织安装了轮子，这样就可以帮助企业去攀登高峰。

所以，尽善尽美是没有终点的，如果我们做了一轮改善，就认为已经达到了自己希望的那个状态，犹如给企业安装了轮子却没有驱动轮子向前移动，那么我们的企业就会定在某一个位置无法向上。

所以，当价值流改善开始的时候，当你所有的轮子开始驱动的时候，只要你的企业有继续向上的目标，这个改善就不能停止。

当你认知中企业已经达到了你想要高度不再继续改善的时候，那么企业就会定在这个位置，只是别的企业或者是已经是头部的企业还在不停自驱前行，我们的企业就有可能落回山脚下。

所以，精益绝非一场运动。

而是，只要开始，就不会停止且会永远带领企业上升的自驱原动力。

这个上面是一条线，下面是轮子的企业精益模型，读者们看到了吗？

如果，我们现在把这个模型放在大海里，它就变成了一条船，我想用它来解释"时"与"势"对企业的影响。

时势造英雄是我们常常说到的一句话。在时势中，有企业随势而起，就有企业逆势而消。

这种状态，常是没有自驱力企业的常态，因为没有自驱力，很多时候都像是随波逐流，一个浪打过来，我们被打到了浪尖，可以短暂看看高处的风景。

但是如果这个企业是一个松散型组织，本身就是没有连贯的一段一段的短线段，下一个浪尖过来，并在下一个时势的催动之下，这个企业可能垮掉，太松散的组织会被冲散。

在平静的大海里，时势会推动所有的企业往前行走，有自驱力的企业会走得更快一些，因为它的船体是有动力的。没有自驱力的企业也会随着行业的时势向前走,但是肯定比有驱动力的企业走得慢一些。但是,那些许前进的状态会让很多企业认为"我的企业没有做过精益,但是不也发展得挺好"。

但是,如果遇到行业的逆势,我们常常看见成批的企业倒下,倒下的企业就是缺少自驱力的松散型企业,一冲即散。行业只要留下,就会有行业的领跑者留下,他们在逆势下利用自驱动力迎难而上,常常成为最终的"造浪者",将自己送到"浪尖之上"。

所以,一条线和很多的小圆组成了企业的精益模型。线一定要越短越好,轮子一定要越多越好,转得一定要越快越好,这样无论外部如何变化,你都能岿然不动,还可逆势而上。

所以精益,不过两个图,线和圆。

第三章 装配式建筑行业的智能制造

当我们来看装配式建筑行业的时候，要首先关注一个重要的定语，就是"装配式"。

通俗来讲，这是一种作业方式，未来建筑就像是乐高一样，是拼拼叠叠装配式的，并且不仅仅是建造，装修装饰也将实现一体化装配，这是未来建筑行业发展的一个重要趋势。

到这个阶段，如果要批量生产出质量优秀且一致性好的产品，那必然就脱离原来传统的现场施工建筑模式而必须由工厂来完成这个产品的制作，以适应市场的需要和"装配式"这种建筑形式的需要，那么建筑业就不再是原来的"建筑业"，而成为一种新型"建筑工业"。

在工业界"精益"就像是吃饭喝水一样平常，通过精益这种科学的管理方式，工业企业不断降低自身的生产周期，降低生产成本，变革管理流程。

"管理"是有绩效的，而"科学管理"更是能提升企业经营业绩的最直接最经济的方式，仅仅通过科学管理，就可以降低人员投入提升企业利润，这种无形的投入却一直给企业带来最可观的收益，所以在工业界"精益"管理地位不可撼动。

那么在"建筑工业"中，装配式建筑的工厂里也有设备管理，定员定岗，计划管理，供应链管理等模块。

既然不能脱离于工业管理的元素，站在工业的队伍里，那么也就适用于工业的"精益管理"技术，只是精益在不同的行业里又有不同的推进方式和技巧，并且要求对于这个行业有深刻的理解和研究。

从制造业工业的现在看装配式建筑的未来，再来分析智能制造的底层逻辑，可以帮助我们形成以智能制造为愿景目标的实现过程方法论。

1. 像造船一样造房子

早在1921年，法国建筑大师柯布西耶在《走向新建筑》中提出了"像造汽车一样造房子"，这也是最早让建筑工业化第一次拥有生动的模型。

汽车的发展路径非常清晰，它是精准设计，标准化制造及装配，上下产业链协同的产品。而装配式建筑行业从设计到生产及装配往往被不同的公司所承接，整个行业水平参差不齐。

在设计阶段表现为不准确的施工图设计，协调性不强的深化设计。生产阶段虽然已经进入标准化很高的工厂，但是依然延续了等同工地的农民分包生产，被称为"劳务"工制。在施工阶段则面临无法精准的装配环节。

在当下整体房地产市场相对低迷的情况下，低价中标的现浇施工价格和工厂生产出的成本相对较高的PC构件形成竞争态势。

所以，中国的建筑工业化之路并不容易。

这种资源的割裂会在建筑整个过程中造成多种浪费。打个比方来说，一个设计工程师如果在设计阶段没有考量生产要素，比如模具无法通用或者型号较多，工厂就要重新制作匹配的PC构件模具生产、打样、调整等都会造成较高的成本。如果设计师对于现场装配要素的考量比较弱，同样完成装配可能就要耗费较多工时造成成本的增加。

所以，未来装配式建筑工业化一定会发展EPC总包模式，如果由一家公司完成设计、加工（或者督导加工）、装配（或者督导装配）施工，那么装配式建筑的制造成本一定会大幅降低。

这种方式将改变现在设计、生产、施工三分离的行业格局。

现在，行业里提出了要像现代造船一样建造房子，应该是因为比起汽车，船舶和房子建造的相似程度更高。

船舶和房子都属于单件或者小批量定制生产，与大规模批量生产的汽车不同。船舶和房子体量都比较大，无法像汽车一样完成室内制造，有很大一部分要在室外协同生产完成。船舶和房屋一样，个性化要求高，生产周期长，复杂程度相近。

那么在造船过程中，精益是怎样发挥作用的？

在造船过程中，精益制造核心也是前文提的价值流。一个船从钢材到货，然后堆放，到预处理、分料、切割等一直到船体合龙的过程中，要分析一下什么是有效时间也就是客户愿意买单的价值时间，什么是无效时间也就是等待的时间。

传统造船模式可能更注重提高作业加工的生产效率，但是精益造船模式更注重于缩短无效时间，减少中间环节的浪费，从而大大缩短生产周期。

这种通过缩短无效时间，提高价值比来缩短造船周期，提高造船质量和降低造船成本的思想就叫作"精益造船思想"。

如果要实现"像造船一样"造房子，其实也要从协同整体建造的角度降低整个建筑的生命周期，这种协同对于行业来说是一种巨大的挑战，如果在当下无法从"全生命周期"进行干预，那么就在每一段去努力践行精益思想，那么也能在当下得到最好的结果。

设计段在深化设计阶段不仅仅要考量生产过程也要考量装配过程，为了减少装配量是否能在构件中增加或者联结几个零件，形成一个更加完整的产品，以减少装配、容易搬运、容易插装或者连接作为设计考量因素。

如果设计可以减少零件数量，就会让物料成本降低。减少产品的装配动作和时间会让生产成本降低。减少产品重量，不仅制造成本低，仓储及运输成本也会降低。

所以以设计引领实施的EPC总承包和以设计实现一体化管理的建筑师负责制模式都是未来非常重要的发展方向。

来到生产阶段，完全的工厂阶段，就确实要像造汽车一样了，即便现阶段完全独立于设计和施工阶段，工厂的管理者首要考虑的也是怎样降低生产成本，提高效率。在劳务人员的管理上，品质管理方面践行精益生产的理念。这部分也是本书核心，就是在工厂里怎样实现精益管理，为下一步的智能制造打下基础。

施工阶段则要关注标准化施工和流程化管理，尽可能降低施工周期，提升施工质量。

2. 智能制造的底层逻辑

阅尽千帆，当一个企业乘着智能制造的大船一路前行时，可以重新回到原点思考一个问题，就是为什么我们必须要实现智能制造。

实现智能制造是为了企业过得更好，朴素的目标是为了实现利润的最大化。所以关于智能制造的底层逻辑，也应该从怎样实现利润化来进行层层分解。

利润最大化可以分解出两个策略来，一个是降低成本，一个是现金流量实现最大化。

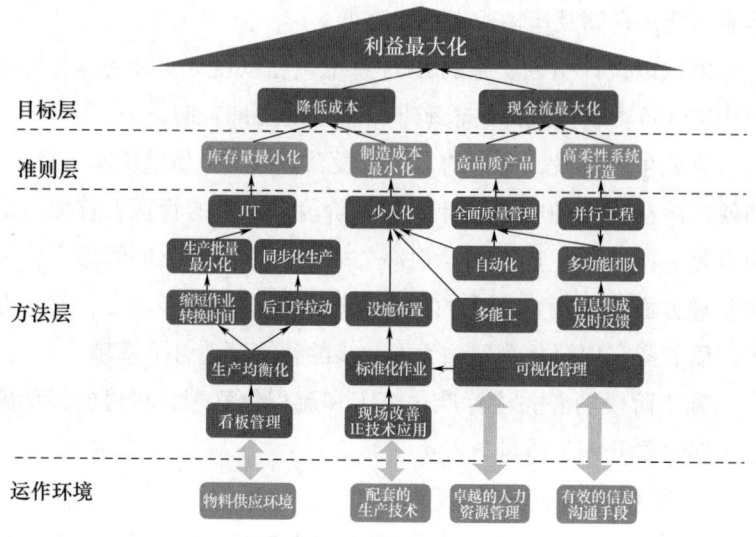

（1）怎样做到成本最低

成本最低实现的方式一个来自库存量最小，另一个来自制造成本最低。

如果要实现库存量最小，那么就必须实现JIT（准时生产）生产方式。例如，丰田在当时资源匮乏的情况下倒逼出自己的精益管理模式，最终实现的就是JIT生产，就是原来的三个工厂后来慢慢演化成的流水化生产模式。

为了实现JIT，在生产过程中采用生产批量最小策略和同步化生产。然后要缩短作业转换时间（快速换模）去促进生产批量最小化的实施。通过后工序拉动去完成同步化生产。

而生产均衡化为缩短作业转换时间和后工序拉动提供了支撑。这些生产过程中信息的传导依托看板管理的模式，并需要与生产节奏匹配的物料供应机制。

所以，每一个目标的达成都是层层管理深入递进的结果，智能制造从另一个角度来说是为实现这一系列的递进关系提供支撑环境，如果企业本身的管理精进递进环境没有被建构起来，那么仅仅依靠几个系统或者几个机器人，都无法达到最终智能制造要实现的目标。

从库存最小化架构的分析，我想告诉大家的是工具并非万能的，在系统的架构之下，在目标的引导之下，使用合适的工具才能让我们获得想要的结果。这一点也是现在企业想要实现智能制造容易掉入的一个坑。

那怎样实现制造成本最低呢？除去技术和材料这个因素，整个装配式建筑行业最核心的策略应该是少人化。

怎样实现少人化呢？我们不断研发新的机器设备替代人工，用自动化去代替人是一种方法，培养多能工也是一种很好的方法。很多公司却忽略了优化设施布局也可以实现少人化，如果布局不合理，本不必要的物品取用，没有规律的配送等都会让我们多用人而不自知。

而实现科学的设施布置前提就是产线设计，现场实施标准化作业，利用IE技术进行现场改善等。还需要在配套的先进生产技术环境中进行实施。

要用人少，单点及整体的效率都是要注重的，即便我们有一台效率很高的自动化设备，但是制程上的其他生产环节"配不上"它的生产节奏和品质，那么它再优秀也是于事无补的。

联想一下很多公司的管理水平，其实是断层式的。如果把一个总体要实现的目标放在某个公司的一把手身上，他是撑得住的，因为他是一个能力非常强的管理者。但是如果往下去分解，看看支撑下面目标的管理者，就会预测到未来那个目标的实现将会面对很多的不确定性。

每一层，层层给力、层层发力，最终才可以得到我们想要的结果。

（2）怎样做到现金流量最大化

现金流量最大化最关键是高品质的产品和高柔性系统的打造。

很多企业经常习惯于聚焦成本因素的系统的打造而忽略现金流量系统打造，其实这个系统是企业软实力非常重要的支撑。

成本低不低决定着你能不能活下去，而现金流好不好决定着你能不能发展起来。

一个是温饱问题，一个是品质问题。

高品质产品必须依托全面质量管理体系的导入。为了达到较高的品质水平，我们采用自动化手段获得品质及一致性较高的产品，并且打造多功能团队支撑全面质量管理体系。

为了在品质管理过程中获得关键的数据进行策略制订，必须有关键的信息化手段进行信息集成和反馈。

在有效的架构上加信息化手段，进行可视化管理，为公司的人力资源管理提供协同能力，并让信息化成为有效信息沟通的手段，这就是常规而有效的做法。

增加现金流量的第二个有效手段是打造高柔性的系统。

一个柔性比较高的系统需要企业拥有并行工程的建构和管理能力，同时进行性质不同的工作，众多企业做好这个准备了吗？

对于装配式建筑行业来说，从设计到生产和建造交付，未来打通这一整条产业链需要什么样的资源整合能力和项目管理能力，管理人员能力是否匹配都是柔性能力的一个表现。

同时针对某一个环节，无论是材料的更新还是技术的研发，它们都属于并行工程类别，未来拥有并行工程建构能力的企业将引领这个行业的发展。

支撑并行工程的是多功能团队，"术业有专攻"并非一成不变。

在柔性系统之下，人力资源的快速反应和体系架构才是最重要的。所以信息化在这个层面又有着非常重要的作用，怎么在这个过程中有效调配资源进行项目管理是需要信息化手段的。

前文提及的"断层式管理能力"，是无法支撑一个公司高柔性系统打造的。

3.智能制造的发展路径

埃森哲智能制造的"新四化"包括自动化、信息化、网络化以及智能化。

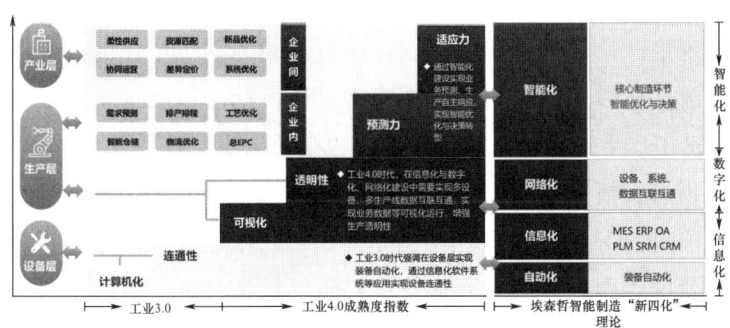

这个过程也是"工业3.0"到"工业4.0"的演进过程，并非一个单纯的纵向发展路径。

"工业3.0"时代强调在设备层实现装备自动化，通过信息化软件实现设备的连通。信息化和网络化的发展决定着是否能由信息化走进数字化。

信息化部分则要包括从用户订单需求，到产品设计、采购、个性化制造、配送服务的全流程管控，这个部分以 ERP（企业资源计划）为基础，在制造层实现优化后的 MES（制造执行系统）管理，依托设备的自动化控制和设备传感机制的串联。这是一个纵向集成的过程，也是数字化运营的基础。

数字化阶段要求实现生产过程的透明可视。在信息化与数字化网络化建设中实现多设备，多生产数据的互联互通，实现业务数据等可视化穿透运行，增强生产透明性。

最终，我们来到的是智能化阶段，也就是智能制造的最终形态。智能化阶段需要企业具有预测及适应能力，包括通过智能化建设实现业务预测，生产自主响应，实现智能优化与决策转型。

智能化阶段的核心是在企业内的生产层建立规则性的需求预测、智能排产、物流优化、工艺优化、系统优化等等。这个部分是必须依托精益管理手段进行的，因为没有优质的可运行体系，只是盲目上系统，也不过是"皇帝的新衣"。

举个例子来说，很多公司的信息化系统中的计划排产功能要求实现生产计划的编制和下发，通过计划驱动生产任务有序、按期完成，在最优产能的前提下实现订单按期交付。这个模块是智能制造工厂生产执行的核心板块，也是所有生产作业任务的源头。

但真实情况是 IT 技术只能输出编制的结果，但生产计划编制的提前是 BOM（物料清单）、标工、工艺流程、订单优先级、客户重要度等因素制约。若这些不具备，只是具备了软件模块的功能，实际是无法排产的。

我们的工艺流程已经是最棒的了吗？我们的标准作业还有没有优化空间？订单优先级的策略是什么？这些问题都不是信息化公司可以解决的。所以，才有智能制造的底层逻辑在前帮助我们面对企业现状认真架构改善，后有发展路径告诉我们科学达到智能制造的方式。

智能化也包括产业层在企业之间进行智能协同，包括柔性供应、资源匹配、协同运营、差异定价以及 EPC 总包等，产业层的支撑来自于企业内生产层运营数据。

"目之所及，心之所见"，眼前没有一个最好的小建筑，就没有办法去建造成最好的大建筑。

第二部分

构建那条流动的线（装配式建筑行业实例）

我们在系统了解精益以及智能制造的内核后，就可以来到实践阶段，这个阶段我们用一个PC线流动的案例来"抛砖引玉"，如果读者们恰好是一条PC线的生产主管，不妨按照本书的思路来建构一条流动的线，现在应该明白，这是智能制造最小的单元，也是非常重要的一环。

如果读者们不在装配式建筑行业，也可以通过这部分的实战案例，掌握精益灵魂"流动"的建构模式。

第四章　回到精益原则，让产线流动

1. 产线流动的意义

针对不同的行业，不同的咨询公司在进行精益的导入的时候，都会搭建一套非常"高大上"的推进模型和方法论，这看起来是咨询公司分出高下的核心，但是更多的时候，每个公司的模型都存在于"竞争阶段"对于客户的吸引力。

如果把所谓的模型一层层剖开，来到精益思想的核心原则这里，就不过是价值：价值流、流动、拉动和尽善尽美。一个好的咨询公司就是能用最合适的工具，给予项目推进的框架并对项目有完善的管理过程，深刻践行这五个原则。

我们从精益的根本出发，就从5原则落地实践开始，去芜存菁。

装配式建筑精益管理的初级阶段要做的核心的事情是构建一条流动化的产线，这个不是形态上的流动化，而是从精益原则上把可以流动化作为目标。

为什么必须是流动化的？因为从古代到近代再到现代，流动化一直是我们追求的目标。

大家都知道某品牌衣服贵、包包贵，破除了品牌效应，很大程度来自于"高定"行业的特点，即小批量高端手工定制。

在最早出现汽车的时候，汽车就是那个时代奢侈品中的奢侈品，绝对的手工定制，每一个零件基本都没有标准品，后来随着需求的增长，1903年新成立的福特公司研发了世界上第一条汽车流水线，开始批量生产汽车，1914年的时候就可以达到93分钟生产一辆汽车，活生生把汽车拉下了高定奢侈品的神坛，汽车售价也是一路狂降直到走入了平常百姓家，同时，也把福特汽车推向了世界。

所以，装配式建筑行业也是一样的，为了应对未来新型建筑发展的需要，它就得在工厂批量生产，这样才能又快又便宜，在工厂，就必须流动化，就必须拥有流水线。

形态上的流水线并不难，以PC为例，在规划建厂的时候一般就会去整线购买这种流水线形式的成套设备包括模台。

理想状态是，从进到出一气呵成，行云流水般看到我们的产品就流出来了，这也是卖给我们产线的设备厂商的期许，我们也是这么想的。

但是实际上，由于我们的工人乃至管理者都来自于传统的建筑施工行业，他们原来是如何作业的呢？由于施工场地的限制，建筑行业的施工必须以限定区域把工程分割成更小的模块让特定的人完成。

这些作业者从施工工地来到工厂里，很大一部分人还在延续他们已经习惯的管理方式和作业方法，所以虽然看起来是流动化的产线，但是作业分包方式采用的还是原来的传统建筑模式，大家只是把工地换了个地方，那么一个现实问题出现了：流水线没有用起来，那效率和成本就增加了。

中国的装配式建筑行业发展在地域上和不同的集团公司内部差异都非常大，有的工厂已经实现了管理水平较高的工业化生产，让工厂真正实现工厂的价值，但是也有一部分装配式建筑工厂再换个地方施工，那么，读者就需要跟上我们重新建构工业化的发展思维了，一步一步把自己的流动化产线架构起来。

所以，来构建一个流动化的试点吧。

有人会质疑，为什么不轰轰烈烈地全面上，企业着急呀！

这样，不科学。

每个企业的体质都是不一样的，规模也是不一样的，以试点作为导入，就是在推进精益的过程中不断发现问题解决问题，以试点先去改善，当我们实践出一套适合本企业的推进规则以后再去全面铺开。从另一个角度来说，如果一步是错的，在试点实验阶段是可以进行及时的纠偏的，如果是全面铺开做，失败的概率很大，也会浪费企业非常多的资金和时间。

所以，先来建立一个流动化的产线试点就对了，如果企业选择自主推进这件事情，那么读者可以跟企业的领导达成一个共识，即在好几条没有真实动起来的产线里选择一条，可以的话最好用PC产品的产线，这样本书的一些真实的改善实例读者都可以借鉴，也都是实实在在有用的干货啦。

同时，笔者还建议读者，选择的这条产线上的负责人要相对有科学管理的意识和思维，首先相信科学和精益，其次才能实践科学和精益，致知于行的前提是相信"知"才能实践"知"。

2. 典型的装配式建筑PC产线存在的主要问题

流动化在PC线上，存在哪些BUG（缺陷）呢？大家都知道流动化好，如果不流动会造成一些什么样的后果呢？

本文就以PC为例，进行一些剖析，如果所在的装配式建筑工厂也有PC线，且企业已经面对了很多问题，可以对照一下是否是由于没有"流动"起来引起的，如果是的话，就按照本书推进流动化的套路进行建构就可以啦。

（1）工序不固定，哪里有空哪里做

在前文已经说过，由于很大程度上我们的产业工人来自于传统施工行业，所以一般来说大家是习惯于在那么有限的施工场地进行"见缝插针"的工作，大家在现场比较容易看到的情况是每个工序不一定在什么地方出现，大家的思维是"反正是空着的不能浪费呀"，这就是典型的建筑思维。每个在建筑工地的有限空地都要被充分利用,这种思维从工地上带来到工厂里的时候,就会造成每个模台没有固定的工序,大家以"哪里空着"去哪里干来进行工作布置。

其实,工序这个词是非常考究的,它的核心是一个"序"字,序一方面是先做什么后做什么,更深的另一方面就是我们常说的在什么时间、在哪里、做什么,所以先后是基础思维,一个产品没有先后是做不出来的。但是如果没有什么时间、在哪里做的规则,则可以确定的是做的可能不太好,效率上、品质上就有非常大的提升空间了。

如果现在企业的工厂处于"无序"的阶段,请对号入座,我们有解药。

(2)作业者的无序流动

说完了工序无法固定的问题,再来看看现场作业的灵魂——人的问题。

工序都无法在固定的区域,那人也必须是走来走去的,因为哪里做什么,我就要到哪里去呀,我的工具和物料也要跟我去哪里呀,所以我们看到现场的人员和工具,物料也在现场中和忙碌的小蜜蜂一样飞来飞去,这是繁忙又朝气蓬勃的工作景象吗?

并不是。

这是一种严重的浪费。因为,这样的作业方式对管理者来说是有多大的挑战。

对于管理的几大重要要素,人机料法环来说,人人在飞,机台不恒定,物料搬来搬去,方法不固定,大都按照自己的经验来,请问你的管理有压力吗?

所以我们很少能在"当下"去发现问题并解决问题，更多的时候必须靠事后"出现问题"进行补救，通过事后检验进行返工返修，相当于低配版"亡羊补牢"。高配版的是"亡羊补牢犹来晚矣"，起码就是补住了不会再犯，那我们继续这种无序的状态，不过只能是一次又一次的补牢而已，补的都是一次性的牢。

（3）作业无计划性

好的计划是知道什么时候在什么地方做什么，因为不论是工序还是人员都在无序的状态，所以，就很难在现场形成好的状态，这样的现场我们总会看到很多的物料，有的放了几天，有的放了十几天，有的放了好几个月甚至几年，如果想从现场找一个需要的物料时，一般会面临诸多的困难，有些时候工人历经艰辛依然没有找到，究竟是再买还是拆一个东墙去补西墙？在这个过程中就给生产造成极大的等待浪费，并且让成本成为一个神秘的数字，也许是企业所不想面对的那个数字。

由于作业没有计划性，按照我们一般的习惯来说，就是什么顺手拿什么，手边有些什么物料就先来做做吧，不太会考虑它的整体性或齐套性规则和先后发货顺序，所以我们以为当下的节省时间，也就是不需要什么生产准备拿来就做的那个产品刚好是比较久以后才发货的，它做好了也发不走。在现场一放的那个瞬间，我们的资金也跟着变成了"在制"，现场的环境也就更加乱了。

一目了然的环境让我们会非常明确"有问题"还是"没有问题"，现场如果堆满物料和产品，我们对于"问题"的判断会变得模糊，这就是现场管理的黑洞。

3. PC 线流动的好处

PC 线体要像流水线一样流动起来，就是我们要的状态。

我们让 PC 线回到最好的状态就是按照线体规则流动起来，这样我们的高自动化和智能化流水线才能发挥最大的作用。

由于传统施工采取劳务外包模式，在自有工人的能力培养上还存在不足，产线流动是第一步，因为要流动就必须给予规则，而规则的产生和不断的演进，最终将为每一个岗位提供完备的"标准化文件"。

未来，不论这个工人来自哪里，之前技能掌握到什么程度，在标准化文件之下，接受了为达到标准而设立的一系列培训并经过了考核，他就能胜任本岗位，然后就能成为我们这条虚拟流水线上的一个勤恳又适用的工位。当我们的流水线哗啦啦向前流动的时候，这时每一个工位都可以承接而非成为流动化的阻碍，那我们的人才梯队也就逐渐建构起来了。

在赋予 PC 生产线流动性质之下，这条产线整体的品质会有大的保证。

如果是之前比较随意的状态，大家抓什么生产什么，在这种一边松散一边紧张的状况之下，由于对于"过程"的关注度和管控能力不足，产品质量在过程中进行全过程监控是不可能的。

因为无序的状态，产品质量只能靠事后检验，当然还必须是检得过来的情况，在合适的时间、有合适的人员、恰好在合适的地方，摆的开全检的状态。

因为必须依靠事后检验，所以如果出现不良品质，靠的也是事后的返工返修，这样对产品的生产周期就造成了较大的影响。打个比方的话，这种情况就是平静海面上的一个巨大的浪花，拍下来的时候我们在线效率那些数据都会被打破，你会在现场看到由此引发的一堆堆的钢筋半成品库存还有各种 PC 构件，然后整个过程不可逆地进入一个恶性循环。

所以如果是完全流动化状态，因为我们的规则是带有呼吸节奏的，那么在过程中就会充分给予品质监管人员进行过程检验的时间。作为规则的一部分，它也拥有了检查的节拍，很多品质问题就不需要在一切尘埃落定后才能被发掘出来。并且，如果在过程中进行严格的品控，很大程度上可以保证产品的品质，若发现问题也能在第一时间进行处理，避免了整批次不良品的生产。

在流动化的过程中，对于建筑业生产最核心的"成本"问题，也可以有效地进行管控。凡是在无序状态下出现的各种异常和波动，都会让我们对成本管理失去主动权，使各项成本无法准确记录并进行分摊，成本管控的前提是知道现在是多少成本，但是所有的无序会让成本成谜。

在流动化之下，工时定额等全部可以明确，那么成本结构也会非常清晰，管理的前提是知道现在在什么位置，流动化就可以让我们非常明确现在的水位并确定未来的目标。

所以，流动化、流动化、流动化，就对了。

流动化是实现准时化的前提。

> 我们的产品，像流水一样被生产出来，同时带动的还有工序内，工序间所有的物料，所有的信息，它们都像水一样在流动，现场的物料没有呆滞，让我们的库存都降低在理想的范围之内，就是我们生产中最好的状态。

推行流动化，实现工序间的超快速流转，还可以缩短产品生产周期，提高现场包括模台的使用和周转效率，并且成为建立现场生产秩序的抓手，成为我们判断现在的生产是否正常的标尺。

> 所谓"管理",管的是"理",是道道,是规则。

　　流动化让规则呈现,也让不符合规则的障碍被显现出来,让我们具备快速处理和反应的条件。

　　所以,流动化真的是一个好处多多的规则。

第五章 流动的奥妙之节拍化生产

1. 节拍设计

节拍是什么呀？通俗来讲，节拍就是在"哒哒哒，哒哒哒"的节奏中，一个"哒"的时间。

如果在一个模台上要不断地生产产品，那么节拍就是生产完一个到生产第二个开始的时间，这个叫作节拍。如果每个模台的节拍是恒定的，大家的生产就是平顺的，也就是流水线形态。

要一开始就来谈节拍，是因为好的乐曲并不是每个音符有多么动听，而是它有节拍、有节奏。流水线也是一样的，只有流水线上的每一个工位按照既定节拍进行生产，我们才能保证产品被流动化生产出来。反之，如果不按照节拍生产，那你的不确定性就会造成整个生产过程的不确定。

我们都熟悉等红绿灯的场景，红灯亮的时候，所有的车辆都要排队等候。问题来了，怎么样就可以用最快的时间让车辆全部通过红灯呢？可以想象这样一个场景，红灯倒计时的时候，所有车辆的驾驶者都在跟着一起数"3、2、1，启动"，大家同时以一样的速度启动，这肯定是车辆最快通过的方法。

这个就是节拍，大家心里都有谱，都按照这个来，我们真正意义上的"车流"就产生了。而现实中的状况是，B车要等A车启动，B车的车主还正在发呆，慢了几秒，C车得等B车，又慢了几秒，这就是没有节拍的状况，所以永远无法达到理想的快速通过状态。

当然未来随着自动驾驶技术和5G的融合发展，未来这些小的BUG都会被算法修正，也就是未来一定会达到我们预想中的那个理想状态，就是无等待。无等待就是带有节拍并能被节拍控制的自启动，车辆是这样，流水线也是这样，只有大家一起动，按照规则动，才会大量减少在线等待的时间，提高生产效率。

> 未来一定会达到我们预想中的那个理想状态，就是无等待。

所以，装配式建筑生产要进行工位节拍化生产，实现产线流动化模式。

（1）数据收集和作业观察

就像中医下药之前要进行诊断一样，在我们实现精益流动化之前要进行诊脉，要充分了解现场的情况，这个过程叫作生产现状写实。

所谓知己知彼，百战百胜。我们要以"工位"为对象进行细致的现场观察和作业写实，当然方法可以多样，可以采用蹲点战术，也就是蹲在工位旁边进行严密的观察记录；也可以架一个摄像机录像，通过回放去搜集信息。了解现状才能规划未来，我们观察的角度是"人、机、料、法、环"这五个方面，主要收集的是各岗位的人员配置，员工的基本信息，技能水平以及各岗位需要的物料和工具，各岗位的作业内容及要求等信息。

从工具上，我们主要采用了以下三个表单进行写实，分别是人员及技能信息，工具物料及工具信息以及工序作业观察。

工具一：人员及技能信息

人员及技能信息表，简单来说就是看看每个人具备什么技能。所谓人有十指，各有所长，掌握了每个作业员工的技能，对于未来工位定员定岗和临时调配安排或者人员技能培训都有非常重要的意义。

工序一栏，填入这位工人现在具体是什么工序，比如清理模台、组模或清理模具等。有时候我们会发现有的工人干活是连续的，就是一个人干了好多道工序，这种情况下我们还是要首先做好工序识别工作，分解出来他做的所有都属于哪道工序，把它明确地定义出来。

技能评估一栏，要据实评估这位工人具备什么样技能，简单来说就是和他正在干什么不重要，重要的是他会干什么。将来流水线规则中的定员定岗，这个技能评估表就开始发挥作用了，毕竟在一个岗位上放一个能干这个岗位的人才能保证流水规则实现。

序号	姓名	性别	目前作业工序	技能评估											备注
				清理模台	上脱模剂	墨斗划线	搬模具到模台	钢筋滚丝	预埋螺纹套筒	收面	浇筑混凝土	打震动棒	绑钢筋	拆模	
1	×	女	清理模台	√	√	×	×	×	×	×	×	×	×	×	
2	×	女	清理模台	×	×	×	×	×	×	×	×	×	×	×	
3	×	男	组模	×	×	√	√	×	√	√	×	×	×	×	
4	×	男	组模	×	×	×	√	×	×	×	×	×	×	×	
5	×	男	组模	×	×	×	√	×	×	×	×	×	×	×	
6	×	男	组模	×	×	×	√	×	×	×	×	×	×	√	
7	×	女	清理模具	√	√	×	×	×	×	×	×	×	×	×	
8	×	女	模具上脱模剂	√	√	×	×	×	×	×	×	×	×	×	
9	×	男	钢筋绑扎	×	×	×	√	×	×	×	×	×	×	×	

工具二：工位物料信息表

第二个工具是工位物料信息表，就是每个工序需要用到的工具有哪些，它们的数量是多少，它们在工位上起到什么作用，它们的使用频率是什么，当前的位置在哪里。

"工欲善其事，必先利其器"。这个工具的作用是让我们进一步明确我们的"器"之所在。当我们未来要实现流水作业的时候，当我们生产如同行云流水一般运行的时候，工具就是我们的武器，它必须在最适合的位置上，在最短时间内被我们拿到，这样才能保证流水线顺畅运行。

在实际生产过程中，我们经常看到有员工"翻山越岭，跨越河山"地去找工具。去询问这名员工的时候，他会说他真的好忙呀，一天腿都闲不下来，但是再去追问他穿梭的原因，却发现只是因为工具在比较远的地方，或者因为工作没有计划性，临时遇到了各种问题想起去拿个什么东西。

流水一定是和计划相关的，而工位物料科学安置就是配合流水线的必要条件。所以通过这个工具盘点，读者也一定能发现自己管理的线体工位关于物料的一些不合理之处，并为下一阶段的改善打下基础。

总有人问"时间都去哪里了"。在这里，我的回答是时间都在路上，都在你我的腿上。

工序	物料类型	物料名称	规格	数量	用途	使用频率	当前位置
清理模台	工具	铁刷		2个	清理模台	随时	工作时：随身携带；作业结束后：放在工具柜中
		刮板		2个	清理模台	随时	工作时：随身携带；作业结束后：放在工具柜中
		拖把		2把	模台上脱模剂	每个模台1次	工作时：模台上；作业结束后：清洁工具存放处
		电动扳手		2把	模具固定	随时	工作时：模台上；作业结束后：放在工具柜中
		电扳手套筒	根据模具所用螺丝	2个		随时	工作时：模台上；作业结束后：放在工具柜中
组模	工具	锤子		2把	位置调整	随时	工作时：模台上；作业结束后：放在工具柜中
		卷尺		2个	量尺寸	随时	工作时：随身携带；作业结束后：放在工具柜中
		磁盒撬棍		2个	撬磁盒	随时	工作时：模台上；作业结束后：货架旁

续表

工序	物料类型	物料名称	规格	数量	用途	使用频率	当前位置
组模	物料	螺丝	根据模具开孔	模具不同数量不同	边模固定	每套模具	工作时：模台上；作业结束后：货架上
		螺母		跟螺丝配套			工作时：模台上；作业结束后：货架上
		磁盒		模具不同数量不同			拆模区
		双面胶		1箱	防止漏浆		工作时：模台上；作业结束后：货架上
	设备	行车	5t	1台	吊装模具至模台	随时	工作时：行车；作业结束后：吊链存放组模区和拆模区上方
	吊具	吊链		1套			架上
清理模具	工具	铁刷		2个	清理模具	随时	工作时：随身携带；作业结束后：放在工具柜中
		刮板		2个		随时	工作时：随身携带；作业结束后：放在工具柜中

工具三：工序作业观察表

如果遇到一个棘手问题，百思不解的时候，就来作业观察吧。

这个工具叫作工序作业观察表，顾名思义，就是在每个工序上去观察作业者的动作，以期发现被损失的时间和效率低下的原因，为后期流水线标准作业打一个基础。

这个工具挺好，但是需要比较长的时间，观察者必须长时间进行站立观察，并记录每个具体作业的具体时间。就是要在工序上分解作业内容，所以记录者是不可以离开现场的，而且绝对不能记录甲员工干了 A 工序一共 3 小时。

在工序作业观察这个环节，通常最常犯的错误就是记录太粗旷，习惯于用整体干一件事情的方式去记录，或者由于观察员离开，然后也只能记下大概这个时间。

所以再重复一遍，工序观察最重要的第一点是观察员不能离开；第二点是如实细致记录。当然，把现场的监督视频拷贝下来分析也是可以的，但是你一定要保证作业者离开现场去干什么你能如实追踪得到，否则就老老实实像一棵大树一样钉在现场吧。

所以，在作业员作业变化的时候，一定要进行如实记录。比如甲作业者先拿了一个组件用了 15 秒，离开了 2 米距离。随后他等待在现场，另外两个员工又去距离 200 米的地方拿了另外一个组件，用了 6 分钟的时间，这些都是要如实记录的。在第一个作业中，他拿的组件非常小，属于走动。在第二个作业中，组件比较大，主要是搬运和走动，这些都要在我们的时间记录表里进行勾选。

我们工序作业观察表就是要在某个确定的工序里，在确定的地方，记录"时间都去哪里了"，以时间的流逝记录都发生了什么，大家都做了什么事情。

我们观察工序，就是想进一步明确"时间都去哪里了"，有没有改善的机会，以及未来实现流水作业的时候，要做工序定岗定人的时候有科学的数据依据。

在这个工具里，也有改善机会一栏，在你进行记录的过程中，也相信你发现了被浪费可以改善的地方，那就给出解决方案吧，这样这个工序时间就可以进行缩短，哪里有问题就改哪里，精益就是这样持续改善的一个过程。

钢筋绑扎工序作业观察表

观察时间：×月×日　　　　观察者：×××　　　　模台号：20
产品信息：墙板　　　　作业者：6人

序号	作业内容	用时	距离	作业区分					改善机会	备注
				操作	搬运	走动	等待	检查		
1	拿取钢筋	11分钟	40米			√			如果钢筋根据计划提前配送到工位，就不需要搬运	3人作业，1人推车，2人搬钢筋
2	拿取长钢筋	8分钟	100米			√			同上	3人作业，1人推车，3人搬钢筋，与"拿取钢筋同步
3	安装钢筋	3分钟		√						2人
4	组装	7分钟		√						2人
5	搬运材料	30秒	40米			√				
6	绑扎	1小时		√						
7	检查	5分钟						√		
合计		1小时34分钟30秒								

（2）设定生产节拍

现在已经知道要实现流动化作业，是需要节拍的，在第一步已经完成了生产现状的写实，那第二步就是来设定生产的节拍了。

在行业惯例里，我们来定义PC的生产，就是把"连续生产中的生产线每产出一个模台PC构件的时间间隔称为"产线的节拍时间"。

但是在开始做精益的第一阶段，直接做计划拉动其实是很有难度的，所谓高楼不是一天建成的，精益实施也不是一下子就能完成的。所以虽然按照精益准时化的思想，仅在规定的时间生产顾客需要数量的产品这个法则，流水线的节拍应该取决于堆场发运或者按照项目施工需要，但是生产与施工的协同管理还需要很多的整体调整，在这个阶段由于发运计划的均衡性和准确性是无法保证的，所以我们在第一个阶段采用的节拍设定公式为"每日可加工时间/日均产出模台"，这样做可以实现现有资源和人员条件下发挥最大的产线生产能力，保证人均产出不降低。

这种节拍设定方式是权宜之计，只是保证在精益推行的初级阶段，在生产线体本身这个小环境里去实现流水作业模式而采用的手法，未来在小环境流水线规则可以运行之后，会进一步建立产销协同的计划模式，将重新设计产线的节拍。

非装配式建筑的其他行业是可以考量直接按照"客户需要"来设定生产节拍的，特别是需求相对恒定的制造业企业。

依然按照装配式建筑精益初级阶段节拍设定举例：

①每日工作时间。

8：00~12：00，14：00~18：00（建议提前15分钟到岗点名开早会，除计划加班和生产进度未完成外，严格按照时间停工，停工后打扫卫生）。

②每日必要的加工数量（以模台为单位）。

按照现有人员情况下的最大历史产出：7块。

③节拍目标。

8小时（480分钟）/7=68分钟/模台，考虑管理的易操作性和改善的目标，设定为60分钟。

2. 产线设计

在基础数据收集的基础上，就要进入产线设计环节了。现在已经知道其实它并不是一条真正意义上的流水线，而是用规则构建流动化线体。所以产线规则对虚拟流水线而言，就是能与否的关键。

再来说产线设计，要素包括"人、机、料、法、环"五个。具体实施起来，就包括各岗位人员重新分配、作业区域划分、工位布局设计、流动路线规划等。

（1）重新布置人力

之前已经做了一个人员信息收集表，一方面是他们现在做的工作，一方面是他们具备的技能。这张表就可以作为重新布置人力的一个重要参考。

现在要以改善后的工序作业时间和生产线的设计节拍，计算各工序所需人员数量。

经过了一系列分析和改善以后，其实对于生产线来说，它还是碎片式的。在初步的 ECRS（取消、合并、重组、简化）（第三部分工具里有详细介绍）后，开始正式进入产线规划阶段。

战争阶段对于军队来说就是整整编制，人员要先分配一下。产线也是一样的，我们需要重新进行人力的分配。进行人力分配的原因就是要定人定岗，如果产线上每个人做的事情都很有随机性并伴随有自己的主意，那么这条流水线是无法被运转起来的。

定人定岗的含义就是一个萝卜一个坑，不能萝卜多了没坑待，也不能某个坑里没萝卜。

那每条产线到底需要几个人，每个工序到底需要几个人是需要计算并和实践结合的，计算有公式，实践有我们的人员写实清单作为参考。在这个阶段，人力分配就不能只按照现场管理者的经验进行排布了，不能按照以往的惯例来进行，而要用科学的计算作为依托。

但是还是要再次重复一些问题。请问，在这个整个作业过程中的 ECRS 是否都已经做完了？是不是已经没有任何精进的空间？

只要你的回答是现阶段你认为已经没有改善的空间了，那么，请把改善后每个工序的作业时间重新列一下吧，这个阶段就完善一下之前我们的生产现状写实表就好了。

作业人员数应该等于总生产周期时间除以节拍时间。

总生产周期时间的计算是一条生产线上所有节拍时间的总和。当然，这是不包括设备操作时间的。这个总生产周期时间是所有由作业人员进行手工操作时间的总和，当然，那些离开工作岗位去拿东西的时间等应该在 ECRS 里就进行了精简了，仅仅是在他的工位上进行操作的时间总和。

可以大概计算一下，大概率会出现生产线上的人数比计算出来的数字大很多，那就是生产中多用了一些作业人员。

那对于现阶段的 PC 精益实施来说，因为它现在聚焦于线体本身的流动化，我们暂时还无法从需求端去拉整个产线的进度。所以，可以认为现阶段的节拍就是一个固定的值，将来在产量很大的情况下，要求节拍改变，人力自然会跟着改变。

如果还是以上面示例中的一小时为一个节拍值，我们的计算方式和人员排布原则就是：要保证一个模台一小时移动一次，这个模台上应该有几个人同时完成工作才能保证这个工作做完。

现阶段，有可能有的工序一个人不够，两个人有一些多，你就先按照两个人进行排布，先保证可以流转再来改善。同时要结合各工序对人员技能的要求和作业者目前的技能现状，确定各工序人员配置。

（2）确定工位数量及工位规划

在确定了各工序的人员配置和数量以后，就要确定工位数量了。

因为有的工序时间很长，如果要保证一小时就要运转一次，但是做一个这样的产品本工序需要三小时，那为了保证一小时这个节拍，我们就必须设置三个工位。

工序时间长在 PC 里很常见是因为有的工序需要等待。在其他制造业行业里，除了增加工位数量，你还可以通过增加本工位作业人员来达到平衡生产线节拍的目标。

在工位数量制订环节，还是要依照 ECRS 原则去筛选有没有要进行合并的工序。原来单独进行的工序，可能时间都比较短，那么就把它们合并在一个工位上进行作业，这种手法可以帮助企业来减少工作人员。

第六章 流水线条件创造

在精益服务的大部分制造业行业里,由于线体整体比较轻巧,是可以通过精益手法进行线体布局的,比如什么一字形,U形,L形等等,是可以根据现场实际情况进行调整和选择的。

但是在装配式建筑行业,因为线体其实已经固定下来,整个产品也比较大,所以在线体布局方面基本上属于"木已成舟",那么我们就关注在条件创造环节,简单来说就是我们的"军马已备",需要"粮草先行"。

如果作业人员随意离开自己的工作岗位去找"粮草",那肯定是要耽误战事的,所以流水线条件创造就是要解决"粮草""兵器"的问题。

1. 条件创造之物料、设备、工装模具

要让流水线动起来,我们需要把人固定在已经设定好的岗位上。当节拍和工位作业内容都已经被固定下来的时候,人是没有办法离开工作岗位的,如果他没办法在规定时间之内完成我们布置的工作,也就意味着我们的节奏没有办法按照设计走,流水线流得断断续续,在后面就是效率达不到预期。

在精益推行的第一个阶段,我们是要打造一条有流动规则的流水线,这个阶段的节拍达不到预期,造成的后果也就是加班,加人去弥补。

但是,如果在第二个阶段,用客户需求去一环一环拉动前端直到产线,这个时候计划无法达成的后果就非常严重了,那就是交期延误,这个交期是和客户那里正在进行的施工挂钩的,想起来就是一个让人头疼的事情。

你如果不想让一个正在干活的人离开工作岗位，应该在哪些方面付出努力呢？

我记得小时候看电视剧的时候常常有这样一个场景，一个大户人家的小公子重病了，一家人围在床前一筹莫展。突然房门被推开了，好几个下人簇拥着一个白胡子老头破门而入，一边管家喊着："老爷老爷，公子有救了，我们把黄神医请来了。"然后家里人热泪盈眶，激动得去迎神医。

这时候，有这么一系列动作，大家一定是很熟悉的，我带大家回忆一下。

黄神医来到床前，有一个家丁赶紧上前帮神医拉开座椅请神医安坐在床前，同时一个神医的小跟班（一般是背药箱的那个）已经打开药箱，把用于诊脉的垫包放置于公子腕下，将公子的袖口撩起。神医坐下同时就直接将指头置于患者腕间进行诊断。

同时，小跟班已经将神医常用的银针布卷一字打开，放置于神医左手边，方便神医诊断完顺势下针。患者家属那块，下人们该准备茶水的准备茶水，该准备纸墨笔砚的研墨备纸。神医诊断完，下完针，转身来到书桌前拿起已经蘸好墨汁的毛笔开始在白纸上开药方。

药方开毕，患者家属赶紧安排几个腿脚利索的从神医手里接过药方，神医拿起泡好的茶，喝了一口嘱咐几句，下人们就赶紧去办了。

整个看病过程行云流水一般，因为时间就是病人的生命，没有一丝一毫的耽误。

如果换一种作业方式，姑且不论对于"神医"这个大人物在礼节上的不当和对他职业能力的调侃，我们来看看公子的诊治过程怎么被拖长。

神医来到床前看了下患者，准备开始诊脉，开始四下寻找一把椅子，找了一圈，终于在角落里看到一把，神医搬了过来发现椅子良久未用全是灰尘，神医这刚买的衣服不能脏了呀，待会还要去另外一个大人家诊治。神医开始寻找一块可以擦拭的布子之类的，许久，他终于可以坐下来开始诊脉。

他准备拿出垫包，打开医药箱发现实在是太乱了，翻了好久才终于找到。诊脉后不久也是到了下针的时候，他再次停下来在自己的医药箱里找银针，翻了一遍又一遍，突然想起来是昨天在另外一个病患家的时候落下了。然后这边黄公子气也喘不匀了，他着急地奔出去取针了。

过了几个时辰，等他再回来看黄公子的时候，门前已挂上了白幡。

笑过以后，回到我们的正题，从上面这个小故事里，你有明白"条件创造"的含义吗？要保证什么，就必须有什么，而非临时发现什么再来干什么。

所有属于产线"必须的条件"必须有保证且进行配置，来保证作业人员在"他所需要的时候"拿到"他用的东西"，让产线高效运行。

在做工位物料准备的时候有两个原则，第一个是"根据使用频率决定存放位置"，就是使用频率越高的东西越要容易拿到，很多工具是一定要随身携带的。第二个原则是"小批量快速流动"，提到这个原则其实很多人比较熟悉，因为一提到精益，似乎"小批量"就是可以脱口而出的一个词。

笔者曾拜访过两次同一家生产某自行车车用配件的公司，前后间隔有三年时间，见的人也不一样。但是不管是三年前还是三年后，他们对笔者说的话都是一样的，就是精益吗我们懂得不就是小批量吗？

对啊，是小批量。

但是小批量有什么用呢？反正还是生产那么多，总会运过去的。

如果投进去2000万，7天就能产出2000万的物料产品，或者17天产出，有区别吗？

没有区别吧，反正都会出来的。很坦然地说，这是很多企业对于"快速流转"的认知。

了解上述两个原则以后，我们开始一个一个工序去履历到底用哪些工具和物料，去分析每一个的使用频率以及使用规则。

比如在清理模台工序，使用的工具有铁刷、刮板和拖把三种。他们分别用来清理模台以及模台上脱模剂。铁刷和刮板的使用频率为随时，所以在工作时要进行随身携带，在作业结束后放在规定的工具柜中。

对于用于模台上脱模剂的拖把，它的使用频率为每个模台使用一次，所以要在工作时放在模台上，在作业结束后存放在规定的清洁工具存放处。

这些对于工具位置和使用的规定，完全是依托于使用要求的。这些规定可以避免神医在诊治时出现的各种尴尬，去大量节省在线等待时间。

对于工具和物料关于"定点定位"的要求，在另外一组接班人员上岗的时候，也避免了到处"寻找"的尴尬，这种一步到位拿取，放到整个产线的动作上就会产生超出预期的效果，我们的"整洁"可不单单是"整洁"，你能发掘出"整洁"背后的故事才是管理的核心。

现在仍然有很多企业，在应对上级领导及客户检查的时候，采用突击整理清扫的方式，从表面看来，确实一尘不染。但是这种突击性的整理背后并没有管理的要素，那么就是一种企业的负担。

如果通过平时的定点定位，5S管理，那不仅仅是我们在贯彻既有的管理理念，更可以达到"日常迎检"的要求，因为，我们做的每一步改善背后都蕴藏着精益管理理念。

那么，现在按照工序来按照物料类型（工具、物料、设备、吊具等）、物料名称、规格、数量、用途、使用频率来规定它的当前位置和作业结束后的位置，给现场所有物品都安个家吧，做完这一步，你会发现，现场变得井井有条，更重要的是，这些工作是用来保证我们的产线运行的。

工位物料信息表

序号	工序	物料类型	物料名称	规格	数量	用途	使用频率	当前位置	备注
1	清理模台	工具	铁刷		2个	清理模台	随时	工作时：随身携带 作业结束后：放在工具柜中	
2			刮板		2个	清理模台	随时	工作时：随身携带 作业结束后：放在工具柜中	
3			拖把		2把	模台上脱模剂	每个模台1次	工作时：模台上 作业结束后：清洁工具存放处	
4			电动扳手		2把	模具固定	随时	工作时：模台上 作业结束后：放在工具柜中	
5			电扳手套筒	根据模具所用螺丝	2个		随时	工作时：模台上 作业结束后：放在工具柜中	
6	组模	工具	锤子		2把	位置调整	随时	工作时：模台上 作业结束后：放在工具柜中	
7			卷尺		2个	量尺寸	随时	工作时：随身携带 作业结束后：放在工具柜中	
8			磁盒撬棍		2个	撬磁盒	随时	工作时：模台上 作业结束后：货架旁	

续表

序号	工序	物料类型	物料名称	规格	数量	用途	使用频率	当前位置	备注
9	组模	物料	螺丝	根据模具开孔	模具不同数量不同			工作时：模台上 作业结束后：货架上	
10			螺母		跟螺丝配套	边模固定	每套模具	工作时：模台上 作业结束后：货架上	
11			磁盒		模具不同数量不同			拆模区	
12			双面胶		1箱	防止漏浆		工作时：模台上 作业结束后：货架上	

2. 条件创造之 5S 工位管理基准牌

5S工具我们会在后面的工具解析篇章专门再来进行阐述，现在来准备的工位 5S 管理基准牌，是作为产线运行准备的一环进行建构的。

56

为什么需要工位 5S 管理基准牌呢？对于管理而言有什么重要的意义呢？

请大家反思下，管理到底需要管什么呢？

在笔者要求公司制作管理看板的时候，有一位主管"欲言又止"，在反复追问下，他说："老师你让做个这个板有什么用呢？我们平时干活那么忙根本没有时间看板子上的内容，而且板子上的内容我们都是清楚的，这个板子也就是'面子工程'吧！"

其实，不管是 5S 工位管理基准牌还是现场各种其他管理看板，它们如果被称为管理看板，就一定要起到管理的作用，它不是说我们制作了，我们摆放了，就完成了。

还是回到上文的疑问，我们管理到底要管什么。

试想一个场景，公司来了一个新的管理人员，按照公司"老带新"的传承，公司这个岗位前任管理人员带新来的同事去现场熟悉工作去了，他一边走一边说，这里是什么工位，平时需要注意点什么，它的运转状态是怎样等等。

过了几个月，新人已经变成老员工，又一批新员工入职了，这个当年的新员工开始以师傅的姿态带新人，然后又告诉大家这里是什么工作，那里又是怎么工作。

这个场景粗粗来看似乎没有什么问题，但是大家一定听过一句半真半假的俗语，"师傅带徒弟，教会徒弟，饿死师傅"，所以一般一套技艺传下来，常常一代不如一代。

当然，确实不排除师傅刻意"留一手"，但是事实上，这种传统的教授方式由于全凭个人经验，并且基于传授者自己的理解总会在原来的基础上加以加工，然后再进行传授。所以，标准就无法统一，最后，我们最初完整的那套管理系统就也失去了原来的样子。

这时候，一套在现场主管眼里看起来"没有很大必要"的管理看板就有非常大的作用了。

第一个作用是保证这套系统的完整性，不管是传了多少人，谁来做这个管理岗位，它们的依据只能是这套管理看板，用这种方法来确保管理要素的完整性。这样不管是什么样的师傅在带徒弟的时候也不能完全按照自己的记忆和理解来传授。它相当于管理的"教科书"，我们全国的学校有数不清的老师，但是教科书是一样的，这样才能保证孩子学到全方位的知识。

第二个作用是要解决给谁看，管理什么的问题。这套管理看板一方面是给操作员工看的。是的，他们知道理想的状态，也非常熟悉看板上的内容，但是还是要放在现场，让他们走过路过不经意瞟过的时候就可以把一个正确的状态刻在脑子里。通过这种方式，把公司对于本工位管理要求一遍一遍给员工进行重复、加强。最大程度保证员工作业的标准化，保证作业安全和产品的高品质。

对于管理而言，在他巡查现场的时候，他管理的要素就是对比。他要对比看板要求和实际作业的差距，如果有不适当的地方要马上进行纠偏。而非"走过，路过，看过，管过"终究和好的结果"错过"。

然后大家再回到会议上，对生产中出现的问题进行检讨，对管理中出现的各种疏漏进行批评和自我批评。其实这种方式都算不上"亡羊补牢"，因为一般羊是肯定亡了，但是牢不尽然是真的补上了。过一小段时间，我们会发现又丢了一只。

问题的一而再、再而三地出现，同样的问题出现一次又一次是我们的现状。在后面的工具专栏里，我们会把精益的工具和思维方式再进行系统的讲解。

一块小小的看板，地上一根小小的线，绝非你看到的那么简单。它们背后的原则就是管理的智慧，是我们需要且必须深入挖掘的地方。

PC线的5S工位管理基准牌有以下这些要素。

首先哪些地方需要设立此标准，就是由上面的流程已经定下的工位上都会有这样一个管理基准牌。比如本工位属于检验工位，它的位置在哪里，标准是什么，对于管理的要求是什么，还有就是实施者是谁，管理者是谁等等都要进行标注。

在各个工位上，要设置工位信息看板，也就是我们的管理者，我们的作业者现场管理的核心要素都要在看板上进行体现。

这个看板包括工位 5S 定制图、作业指导书、生产进度表、生产状态表、人员出勤表、设备点检表、质量警示表以及安全管理表。

每个公司可以根据自己管理的实际情况去设置表里的内容，我们来具体看看这些表具体管理什么，怎么进行制作。

3. 作业指导书

管理的核心是只有同时具备好的输入和好的过程，才可以得到好的结果。

好的输入就是作业指导书本书。好的过程就是作业人员完全按照作业指导书进行作业，我们的管理者一直在监控作业人员有没有完全按照作业指导书进行作业。那好的结果也就是必然的了。

所以作业指导书在制订过程中，一定要在结合行业要求的情况下，再结合本公司设备和条件下，包括在使用 ECRS 的原则后制订出切实可执行的一套标准的作业手法，也就是我们公司的作业"教科书"。

它不会是一成不变的，通过在作业过程中进行不断的改善，包括工具的创造，作业手法的变革甚至是设备的升级改进，作业指导书会伴随这些变化一直更迭演进。

作业指导书的制作一般有六个步骤。

第一步，填好品名规格和规格描述。品名规格就是产品的名称，规格描述就是产品的料号，一般品名规格和规格描述具有独一性，一个产品只能对应一个。

第二步，填写文件编号、制订日期、版式等。文件编号有固定的要求，进行到哪一个流程，需要用哪一个编号。制订日期要写上实际制订的日期，版式可以展示整个SOP（标准作业程序）的变更流程和变更次数。

第三步，作业名称和作业方法。一般来说一个工站的名称显示了一个工站的工作内容和具体的操作要求。写作业方法一定要详细，让任何一个新手拿到此文件都可以按照标准操作。

第四步，作业方法图片描述。相较于文字，图片更具有形象性，表达的内容也更加丰富，通过图片，可以让一个新手更加清晰明了地快速熟悉整个产品操作流程。

第五步，注意事项和品质重点。注意事项是在规范化操作过程中，作业员必须要注意的问题，比如数量一定要清点好，不能弄伤产品等，而品质重点把控着这个流程是否合乎品质要求，对品质的检验重点作出要求。

第六步，使用物料，检测工具等。使用物料规定了此工站需要使用的物料名称、物料数量、物料配套等。检测工具是品质重点的规范化操作工作，品质人员按照检测工具对产品是否合乎品质要求作出判断。

作业指导书是一直变化的，希望大家建构起自己公司的作业标准化体系，最终去实现一个"好的结果"。

4. 生产进度表

因为装配式建筑行业的特殊性，每个项目都是一个独立的建筑项目，所以要求我们管理者时刻关注项目生产进度，包括已经生产到几层，一共需要多少层。

生产进度和生产计划相配合挂钩的。

如果没有计划，现场就是做到哪里算哪里，甚至哪个在手边就做哪个，这个时候大家会有质疑，所有的人都没有闲下来，大家都在辛勤地工作，都没有休息为什么就会影响整体的效率呢？

没有生产计划其实不仅仅影响效率，还影响成本。

如果把生产的过程比喻成一条会流动的河水，然后中间有库存的地方比喻成水库（前文介绍的那道数学题）。

如果我们生产的产品从投入到产出都按照节拍节奏流下去，也能在预判时间内成为最后的完成产品，那么我们给客户的时间也能被固定下来，即便不是给客户，那么进入堆场的时间也是相对恒定的。

但是如果没有计划，大家是按照有什么就做什么的逻辑，很多产品没有节拍，就会在整个产品的制造过程中随意停留，因为出来的时间不恒定，大家又不会停下手中的活儿，大量的在制品就会像库存一样堆在现场。

水库其实是有限的，堆不下的时候就会到处找地方堆，造成现场经常出现"无处落脚的尴尬"。这种高中间库存的背后是对于公司资金的大量占用。

很多公司都说钱去哪里了？钱在作业区，钱在库存区，钱还在过道上，钱还在你为产品设置的临时暂存区所产生的仓库建构费里，仓库保管费里等。

又因为出来的产品没有节奏，所以要么好久不出来，要么同时出来一堆，堆场要么觉得地方还大着呢，要么突然就放不下了。

还因为堆场后面的运输环节是恒定的，每天要在固定的时候发运，每辆车的负载也是恒定的，所以堆场必须经常不够用。

生产的整个过程，是环环相扣的，只有所有过程都在拍子里，都在控制中，我们最后的结果才是可以预判和控制的。

所以，由车间的生产计划就会生成一个生产进度表，简单来说就是让我们的作业者和管理人员去时刻监控我们的流水线有没有断掉，有没有在预设的节拍上生产出产品。如果有异常出现，那就要及时应用产线机制进行纠偏，是缺人呢还是缺物料呢？怎么去随机调整？这些就是管理者要做的事情。

所以再回到管理者到底是管什么的这个概念上来。

> 管理者最核心的作用是要做规则的保障者，各级管理者要保障我们的产线顺畅平稳地运行下去，要做"产线机器"的润滑剂和出现动力故障时的动力来源，而非"救火队员"。

我们经常看到现场管理者像小蝴蝶一样飞来飞去，甚至经常就参与到生产的作业过程中，有的老板看到这样的景象都会觉得很欣慰，心想看我们的管理者多么尽责。

但是，他在现场忙到跑来跑去甚至都参与到产品的生产过程中，真的是尽心尽责、事必躬亲吗？

不是的，是他职责不明，让管理者岗位职责空置。

并且，他到处堵漏水的过程也是在印证着现场的规则缺失。正是因为缺失，所以管理者不得不去处理很多本不应该产生的问题。如果他跑得够快，我们会认为这位管理者"勤勉尽责"。如果慢了些，或者问题爆炸式产生，我们会认为这个管理者"管理能力"有待提高。

说到底，管理管理，管的是"理"，没有"理"，管什么呢？

管理的最高境界是"无为而治"，这个词出自《道德经》。无为而治表面上看来是一种淡然的态度，它说不要过多干预，要充分发挥大家的创造力，要自我实现，走向辉煌和崇高。但是无为的前提是遵循"客观规律"。

《道德经》的核心是"道"，道是有规律的，以规律去约束宇宙间的万物运行，万物万事均遵循规律。无为而治是以制度（也就是《道德经》中的"道"）治国，以制度约束臣民的行为，臣民需遵守法律制度。

所以，没有制度和规则，就不存在所谓的"无为而治"，那么，大家就一直会在管理的低级阶段打转，无法管出绩效来，也无法带给企业更高的价值。

生产进度样表

序号	模台编号	构件名称	构件类型	楼栋	楼层	计划与进度管理	组模 日期	组模 时间	钢筋 日期	钢筋 时间	预埋 日期	预埋 时间	检验 日期	检验 时间	浇筑/收面/预养 日期	浇筑/收面/预养 时间
1	31	C-PCGQ3L	隔墙	5	8	计划	×月×日	8:00	×月×日	9:00	×月×日	11:00	×月×日	16:00	1×月×日	17:00
2		C-PCGQ4L	隔墙	5	8											
		实际														
3	2	A-PCGQ1R	隔墙	5	8	计划	×月×日	9:00	×月×日	10:00	×月×日	14:00	×月×日	17:00	×月×日	18:00
4		A-PCGQ5R	隔墙	5	8											
5		A-PCGQ6R	隔墙	5	8											
		实际														

5. 生产状态表

除在生产进度外，还可以设置一个生产状态表，可以让生产状态一目了然。现在生产状态是怎么样的，是生产中，停机中，都可以直接目视化出来。

不要小看这一张小小的看板，如果有，管理者在现场巡查的时候，看一眼这个状态牌就可马上知道现场的情况，他再核对一下生产的计划和进度就能对今天生产完成情况有一个初步预判，并适当地进行纠正和资源匹配性支援。

如果没有这个目视化的看板，那管理者在过程中就会经常性询问作业人员，现在状态怎么样？进度如何？这种询问在后文会讲到的"七大浪费"里就会有定义，这就是一种浪费行为，也会对现场的作业者造成一定程度的干扰，造成一些效率方面的影响。

所以，有这么一个简单可靠的方法，就一定要使用。未来企业都是在朝信息化发展，这些工作说到底都是在为"信息化"打底。

这些看板将来的呈现形式应该都是信息化的，但是请在信息化构建之前做好这些基础工作，并识别哪些是真正有用的，哪些是味同嚼蜡的，哪些是负担。

6. 其他辅助性表单

其他辅助性表单就要根据实际需要进行设置了，采取"需要什么"就"设置什么"的原则。

可以使用人员出勤统计表，让现场管理人员不用通过询问代班班长就可以了解现场的人员状况，及时通过现场作业人员配置情况和实际出勤情况合理进行人力的调配。

人员出勤表可以把人员技能情况也进行一个目视化，方便管理者在定员定岗出现缺口的情况下，合理根据人员能力进行一个调配。

可以设置一个设备点检表，其实说到设备管理模块，在后文的单项工具篇章里会展开给大家进行讲解。但是在这里,请大家先想一想,就是设备点检表是否存在意义。在笔者服务过的好多企业里,设备点检表是家家都不会少的,上面的对勾也是一个不落,总之就是达到了看起来很好的状态。

但是,如果仔细拿起一张设备点检表去分析里面的项目,就会发现一些比较尴尬的事情,简单来说,如果一条一条去执行这些设备点检,多半这台设备今天就用不起来了。

那怎么办呢?公司要求设备点检流程,产线要求设备正常运转,那只有打对勾这一条路可走了。很多公司的设备点检形同虚设,也根本没有达到通过点检提升设备使用率和安全性的作用,这个时候首要考虑的就是通过系统推进设备管理体系架构这套东西,然后生成可以真的点检,然后点检了真的有用的设备点检表。

一般来说,笔者还是很建议在工序环节把设备管理这个模块给充实起来,当然,是有用的那种。

在产线的管理中,质量是非常重要的组成部分。在精益七大浪费里,最大的浪费就是生产不良品。

因为这是一种浪费背后还有浪费的形态,从表面来看,我们生产了一个不良品,然后作废了。但是,其生产的过程,耗费的资源,利用的人力其实全部成为不良背后的浪费。

又想到这么一句话,很多人在和自己的领导进行争执的时候,常常会说出来"我没有功劳也有苦劳啊"。

现在,再来定义这个所谓的"苦劳",其实多半属于不良浪费的范畴。就是过程都有,结果糟糕,那所谓的苦就不是劳,而是百分百的浪费行为。

没有公司需要苦劳以及苦劳的产物,如"不良品"。所以,看板里有一个质量模块就是很有必要的事情了。

关于质量模块的设计,你可以有多种选择。可以从正面的角度去做一个"本工位核心质量管控清单及点检表",这个表单的就是要给质量巡检人员使用的。

在这个工位上，要管理哪些关键的质量点，是不是要进行全检，通过这个表单以及品质人员按照时间节点和流程的检查，就可以保证"过程中"的质量。如果很难避免"苦劳"结果的出现，那么越早发现是不是越好？或者说越早的时候，可以纠正的措施会不会更加多，而不至于"木已成舟，回天乏术"。

从反面的角度，你可以设置"质量警示"表单，对本工位曾经出现或者经常出现的质量问题进行目视化，那么现在作业人员在经过这个看板的时候，他的内心就会有一种"警觉"，会提醒工作人员要注意什么，规避什么，这点是非常重要的。

管理本身就是一种细水长流的形态，不论是安全管理，质量管理还是其他任何管理，都一定是把管理当成和呼吸一样自然地存在，这样被管理者和管理者才能比较自然地融入这套由我们建构的"生态"型管理体系。继而让管理者去关注更加具备"管理价值"的模块，然后对整个公司作出价值更高的贡献。

除了质量模块，现场的安全管理也应该在工位管理看板上进行一个目视化管理。现在我们常用的一个表单就是安全生产推移日图，一个月更换一张，每天一个记录。如果今天我们现场没有任何大小安全事故，就在本日记录上贴上一个绿色的标志；如果今天发生了一个隐患安全事故，就贴一个黄色的警示贴；如果发生了可以被定义为安全事故的时间，就贴一个红色的标。

不积跬步无以至千里。安全管理如是，任何管理如是。

目视化的管理可以让我们管理者感受到更多"管理获得感"和"管理成就感"，一天一天持续对于安全的关注和管理在当天就可以获得一个小小的绿色标签是非常重要的一种"奖励"。别小看这个小小的标签，他会激励现场的管理人员和作业人员为了获得感而更加关注"当下"，而对于"当下"的关注就是安全管理最重要的保障。

在安全管理的附属表单里,可以设置安全巡检人员记录表。"频率"及"规律"的存在在日常标准化管理中的作用是非常显著的,日常巡检人员按照标准化安全巡检流程完成作业,并记录完毕,是现场安全管理的一个重要闭环。

同时,黄色安全警示标签也由巡检人员进行把控,通过这种手段去督促现场人员迅速改善,及时将生产作业中的安全隐患进行排除。

除了上文提到的表单,读者可以根据实际需要去进行灵活设置,并且通过试用去逐渐丰富管理的内容,或者淘汰不太有管理意义的表单,慢慢把现场管理的节奏和套路找到,这将为一件事打基础,就是"电子看板"。

未来,基本上所有的大型制造生产都要实现信息化乃至数字化,当无纸化成为一种必然趋势的时候,将什么实现"无纸化"就比较重要了。

我们未来的电子看板,要呈现什么信息比较实用?

电子看板绝非用于展示的,而必须也只能是用来管理的。

如果不经过纸质化的试行,就无法知道什么在日常管理中是比较核心的,哪种表单形式是比较好用的,如果一上来就按照想象去做一个信息化,完成了看板的输出,大概率未来看板上的内容不是我们想看到的或者是管理核心要素。

这个时候,如果回去改改看板的输出内容对信息化来说算是一种简单的二开,但是,如果管理逻辑就是错的,你是要回去重新做一套系统吗?

所以,先有管理,有输出,再有记录,有试用。最后才有信息化架构和理想的看板形态。

第七章　让产线开始流动吧

我们已经为产线流动做好了所有准备，在第一个阶段的目标就是实现产线的流动化。也许读者会觉得这个范围是不是太小呢？我们还有好多环节呢，比如销售，采购，库存管理等等，我们做这么多准备工作只做到产线流动是不是还不够呢？

当然不够，但是这是一个良好的开端。

所有的工厂，面对的问题都是相互牵扯的，我们经常会开很多的会议，来讨论问题的根源，就会发现"可能所有人都有问题"。

我所理解的问题，就是一串已经应声倒下的多米诺骨牌，当那么多牌都已经倒下的时候，我们就无法发现真正的原因。

比如我们来检讨一个"没有按时发货"的问题。

销售说：给客户的交付是月底，结果到发货时间了，发现没做出来。

生产说：销售货期是给了，但是我们的关键零部件没回来。

采购说：销售的那个货期定的时候，就没有考虑采购周期，第一时间也没有给我们放采购计划，所以本来货期长的物品，当然就回来晚了，但是我们已经和仓库说过让他们提前备货的，这种采购周期长的货物就应该备库的。

仓库说：这个订单我们根本就不知道啊，我们就是采购买回什么收什么，这个物品就不在备库清单里的。

这种检讨一轮轮走下去，我觉得很难有结果。但这就是我们日常管理的常态，也是我们常说的"死疙瘩"问题，无解。

如果我们想终止多米诺骨牌，或者避免自己的不小心去碰到正在摆放过程中的骨牌，会摆放好一段后留一个空位，这样即便这里不小心碰掉，你也可以止损。

并且，如果倒了，因为有空位干预，你会知道"到底是哪里出了问题"。

我们来梳理现场产线规则，就是要把现场问题梳理清楚。只有产线规则清晰，才能从出现问题的地方清晰地暴露原因，如果每一段都是混乱的，我们就只能看着一片倒下的多米诺骨牌，一片一片立起来，但是不长时间以后，这个问题还会重新出现。

我们的管理者或员工就会进入这个"混乱"的重复圈，却忽略了更有价值的事情，陷于这种低价值泥潭里无法自拔。

所以，让产线流动起来，就是让这段规则经过验证。有问题就及时处理，先把这一段搞清楚搞明白，接下来顺藤摸瓜、各个击破，使整个公司的运营规则日渐清晰，进而实现公司级的精益管理而非一般意义上的"精益生产"。

1. 严格执行"节拍"赋予的规则

我们设定了"节拍"，并且为了保证"节拍"的运行陆续进行了作业标准化实施，工具箱物料准备等工作，就是为了让"节拍"的执行可以达成。

如果不做很多的准备工作,只是生硬地告诉员工,从现在开始,你要严格执行"节拍",那是不可能实现的。

我们在日常管理过程中,要给予员工目标的同时,也要帮员工创造可以达到目标的过程。比如,销售工作,如果我们招了一个销售人员,就告诉他,去卖吧!他能成功吗?

给过销售哪些资源?有没有系统给他进行销售理念的导入?有没有监控并引导他的销售过程?

没有好的过程,就没有好的结果。

言归正传,之前做了很多为了实现流动化做的准备工作,在"人、机、料、法、环"方面都有准备。现在开始实施了,第一点要做的是让每个模台"按照60分钟节拍向后流动"。

这个阶段,不管现场的作业人员是否可以按照我们的预期去理解"按照60分钟的节拍向后流动",都要强制去执行。

我们的班组要执行这个规则,现场的管理人员则要监督这个规则,并且要在预判出这个规则可能由于一些特殊的原因不能被执行的情况下,给予支援和资源协调。

比如,我们预估出来某工序(现在PC主要有问题的是钢筋绑扎和预埋工序)在模台移动时是不能完成工序的内容,我们要及时判断出现的问题和解决办法是什么。

第一原则是集中资源要完成即将向后移动流转的模台上的工作,通过现场的人员调配,从已经完成的工序中临时调配能完成本工序的人员进行支援,从不需要马上移转的工序中临时调人进行作业。

不管我们采用什么方式,都必须保证"节拍"的实施。因为一环乱,则全盘输,我们如果在这个阶段自乱阵脚,那么辛苦建构的"多米诺"骨牌保护就会消失,那么之前做的所有工作就会丧失意义。

当然,有延迟完成的就会有提前完成的。如果在60分钟之内,我们提前完成了所有的工作内容,并且所有工序均提前完成了工作，经过产线和跟线管理人员确认，可以提前进行统一模台流动。

注意，一定是必须保证所有模台同步流动，这样节省的时间才是被真正节省出来的。

在节拍制产线流动的过程中，所有有关人员的调配都要遵循一个规则。就是我们允许劳务负责人和产线管理者临时性在各个工序间进行人员调配，但是应该保证所有工序的作业必须在指定工位内完成。

工位是固定的，在前面的作业中已经指定了工位，它存在的意义大家也非常明确，可以理解为"铁打的营盘，流水的兵"。工位固定，人员流动是为了保证流水线规则的进行，如果没有这个规定，大家去临时性地点完成临时性工作，我们就会回到"初见"的时候。

这里不再是"工地"而是"工厂"，只有明确下来，执行下去，就可以实现我们最终的目标。

2. 生产计划制订与执行

如果工厂是身体的话，那么计划是产线的灵魂。

生产计划是工厂的节奏控制核心，如果没有计划，整个生产现场就无法充分受控，管理也就无据可依，所以计划在整个的生产过程中是非常非常重要的一环。

在日本丰田，有一个"安灯系统"，它可以解决什么问题呢？

就是有几级问题处理方案，当出现一个普通问题时，有可能对产线运行造成影响，作业人员就会拍下他所对应的那个灯，让产线的小组长来解决。小组长到场如果解决不了这个问题，会继续拍他所对应的那个灯，让更高级别的管理者来到现场，直到厂长，然后如果真的暂时处理不了，再来拉停整个产线。然后，才会涉及到计划的变更。

也就是说，在工业企业中，是以生产计划作为一切的起点和终点。

但是，在传统建筑行业里，为什么似乎关于"计划"的观念是比较淡的呢？

还是要回到建筑行业的作业模式里，建筑行业由于作业场地和方式的固定，其实对于工期的把控还是有较强的空间的，比如如果在某一个环节有所拖沓，在之后就会有一系列"赶工期"的动作，比如加派人手，同步作业等。

总体来说，就是建筑行业本身计划的弹性是比较大的，所以整体可控。

但是，这个方式放到工厂环境里就不是很适用了，首先人员是相对固定的，不能和传统建筑行业一样比较容易找到建筑队资源进行进度管理。然后，场地也是有所限制的，工厂有生产线体，有各种设备，要经过或长或短的工序才能生产出我们所需要的各种产品。那么就必须有顺序的要求，继而就必须有计划的要求。

所以，转变观念是最重要的一环。

在工厂里，每天早会检讨的第一项就是昨日生产计划达成情况，第二项就是今天生产计划发布。生产计划达成率对于各线、各组、各厂都是考核的第一重要指标，才能牢固大家对于计划的意识，提高重视程度。

所以计划又牵引出第二个层面的问题，就是绩效考核。我们对管理者，对基层员工的考核要"有据所依"。这个据就是各种数据指标，是我们管理的把手，但是如果管理规则各方面都不健全，那数据的出处就不客观，这些数据自然无法支撑绩效考核系统，无法帮助企业打造长久的人才育成体系，也无法让真正优秀的管理者脱颖而出。

所以，对于产线来说，生产计划是一小步，也是一大步。

从这个小步出发，固化下生产的规则出来，然后再到产品品质管理，成本管理，这样整个生产管理的体系就被架构出来，我们管理的"法"才可以真正落地实施。

那具体生产计划在 PC 产线是怎么实施的呢？具体有以下几个要求：

生产计划执行要点

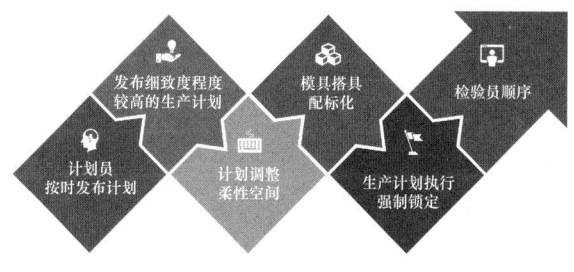

要求一：计划员按时发布计划

车间的计划员要提前一天发布第二天的工作计划，是因为要提前给予产线生产准备时间。要达到"万事俱备"，第二天"只借东风"进行日常生产即可。

要求二：发布细致度程度较高的生产计划

车间的计划员要结合公司级别的大的生产计划进行细致拆解，不能发布例如只有构件类型、楼栋、楼层数量的大计划，且它们无法下放到日。这种计划就类似于施工的工期，完成哪块工程大概需要七天或是五天，那不属于"计划"的形态。

好的生产计划要根据各工序的周期时间，确定重点工序（比如组模、绑筋、预埋、检验）细化到每个模台的开始加工时间和完成时间，让每一个工序的工作人员明确每个模台的工作内容。

要求三：计划调整柔性空间

因为有的计划必须匹配劳务外包人员进行作业，那么生产计划在正式发布之前，要和劳务队或者现场管理人员进行确认沟通，我们允许生产计划的柔性调整。也就是结合劳务管理人员和现场管理人员结合现场作业经验对计划提出一些修订意见。

修订意见包括但是不限于工序工作量大小的搭配，模台利用率等。因为更多的时候，我们的PC构件是要进行换型生产的，所以计划具备柔性调整能力也是必须项。

但是要强调的一点是，即便计划具备柔性空间，但是调整时间是固定的。

如果在前一天下班前由计划员制订完成第二天计划。当天计划就要和当班管理人员进行确认和调整，保证产线准备时间充足，防止出现"干活的时候需要什么缺什么"的情况。

要求四：模具搭配标准化

现场有多种模具，每种模具由不同的人操作一定会有不同的布模方法，同时也决定了作业的时间也会有较大差距。这个时候，一个新手和一个老手对于布模作业的熟练程度差异往往会直接影响整线的生产效率。

上面有讲过标准化作业部分，这块因为模具种类会比较多，应该逐渐去形成布模标准化作业表，要求未来生产的时候按照标准搭配进行生产。

要求五：生产计划执行强制锁定

在生产计划经过现场劳务人员以及管理人员柔性调整和确认

以后，生产计划进入强制锁定状态。生产过程中，必须严格执行计划中的内容，特别是不允许随意临时地调整。比如增加模具，减少模具，变更模具，调整顺序等等，因为生产计划如果不执行，那计划本身就没有意义了。

当出现模具问题不得不进行调整时，我们可以视为触发了产线隐形的"安灯"系统，有车间的最高管理者进行协调或者同意变更后，才可以执行调整后的生产计划。

要求六：检验员顺序

车间检验员在进行检查时，也必须依照计划排产模具顺序进行检验，为的是匹配产线整体的节拍，保证不漏检，保障产品品质。

因为好的计划执行才能给各个环节留有充分的保障空间，包括避免因为产线不均衡让产品批量产出后，管理人员检查不过来，让有品质问题的产品流到下段，造成一些损失。或者因为检查不过来直接到客户那里，引发更严重的质量追溯。

所以，如果检验员发现未按照计划生产的产品，要及时贴上"拒检"标签，从而从另外一个层面保证我们生产计划体系的实施，也督促产线必须按照计划按部就班进行生产。

以上，就是生产计划执行的要点。

3. 物料配送模式实施

我们都已经了解让产线动起来的一些必备条件，也已经做了很多的工作，但是现在到实施阶段，还需要建构一种物料配送的模式。

关于物料配送，来举一个非常常见的例子。医生在手术室里做手术的时候，配合他会有很多助手和护士，其中有一个器械护士，器械护士就负责把医生需要的手术刀和器械及时传送到医生手中。

这是手术通用的一个场景，大家应该觉得做手术就应该是这个样子的。

没错,但是这种做手术的方式其实是19世纪末20世纪初才开始采用的,是第一个把精益用于医疗的工程师建构了这种作业方式,然后才沿用至今。在之前做手术的时候,挑选器械和刀具,都是由医生本人完成的。

手术室的这一改善为整个手术时间的缩短作出了非常大的贡献,这种作业方式,其核心就是一个"物料配送"的解决。

能解决了配送的问题,在我做什么的时候,我需要的物料和工具出现在我手边,而非我去离开主动寻找。

在我们前文讲的那个大夫给公子看病的故事里,其实也在讲相同的一个道理,就是"拯救病人的宝贵时间"怎样才能被节省出来。

在产线上,我们要关注的就是"产品的制造周期"怎样才能被缩短,同时要怎样保证每个工序的生产节拍,让整个产线顺畅地流下去。如果我们这个工位的作业人员离开岗位去做一些寻找工作,很难保证在一定的时间里完成工作,最终就会破坏我们整条产线的"流动化"节奏和节拍。

所以在落实了最终的产品生产节拍并拟定了相关的生产计划规则后,需要把我们的物料配送体系建构起来。

如果把工位上的工作人员看作是拯救生命的医生,物料配送体系就是专属的器械护士,它来保证我们的"医生"最高效的工作持续在产线上工作。

所以,在没有配送体系的PC线上,主要劣势有两个。

第一个是工作人员在作业做到一半的时候突然物料不够,他离开再去拿料,造成生产中断,使节拍延长。这样也打破了我们的流动化规则，重新回到岗位上接着做是比较容易出错的，有一些品质隐患。

第二个是根据人员的技能掌握情况分析，对于个别技能工位来说，是有熟练工和非熟练工的，我们要保证熟练工在技能要求比较高的岗位上持续输出技能。而技能不熟练人员，则要适当安排一些辅助性工作，才可以获得在线效率的一些提升空间。

物料配送体系建构步骤

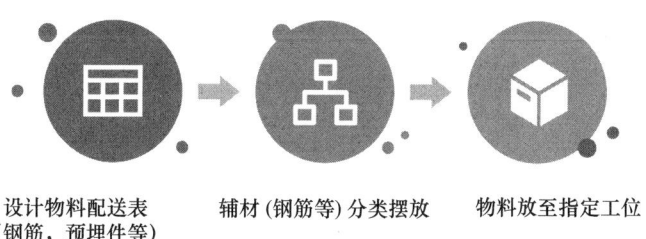

设计物料配送表　　辅材（钢筋等）分类摆放　　物料放至指定工位
（钢筋，预埋件等）

物料配送体系建构第一步：设计物料配送表（钢筋，预埋件等）。

配送专员根据生产计划及图纸，对需要配送的物料进行拆解和确认，然后完成物料配送表的制作，包括配送明细，配送时间及方式都要进行进一步的确认和方案生成。

配送专员根据前一天下发的工作计划拆解自己需要按时配送的物料，在产线使用前将物料准备好，至此就完成了第一步的准备工作。

物料配送体系建构第二步：辅材（钢筋等）分类摆放。

专人配送之前专人需要去拿取辅材，那如果辅材摆放比较混乱，这个专人在拿取环节的效率也是保证不了的，所以首先要完成辅材类的整理和分类。

5S管理是一切管理的基础，有时候我们常常会进入一个误区，就是以5S始也以5S终，对于其蕴含的真正管理意图并不明晰。现在先用 5S 工具来完成辅材（如钢筋）的整理，来保证专人能以较快速度拿到他所需要的物料。

我们需要把钢筋按项目和型号进行摆放。首先每一个大的架子都是隶属于单独的项目的，然后每一层单独的架子上的型号都要统一。做这些工作都是便于工作人员根据计划（项目，进度）来快速找到他所需要的物料。

我们还需要为所有的钢筋架设立标示牌，这些目视化的工具都是为了保证工作人员可以快速找到他需要的物料。

物料配送体系建构第三步：物料放至指定工位。

专人按照计划从物料区取到物料后，需要按照时间要求配送到指定工位上，我们已经做好了工位指定，定人定岗等一系列工作，那么需要在指定的工位上设置一些专属物料架。

在执行流水化作业之前，是没有定点定位这个概念的，那么物料送过来也没有量这个规定，可能就会根据实际情况（比如哪里有空地）来决定放在那里。现场人员来拿取自己需要的物料，如果找不到或者觉得数量不够就转去放置钢筋的区域再寻找，这个过程其实是非常混乱的。

现在的作业，通过在指定的工位设置一定体量的物料架，它存放一次或者两次作业的物料（要根据配送规则进行设置），在作业员需要使用物料的时候，就可以就近取用，剥离了大量的等待浪费时间。

总体来说，我们首先建构的 PC 内部流动化体系，其实是一个相互关联的生态系统，任何一个工具和方法都无法独立存在。如果想形成流动化机制，每个模块就要相互依存，彼此配合，最终才可以实现产线的流动。

我们做了定点定位，然后又通过定点定位去规范物料摆放规则，由需求拉出配送计划，然后又由配送计划拉出物料准备计划，在实现物料准备的过程中，通过5S工具和目视化工具帮助实现物料的快速准备。

精益的整个过程是相互影响，互为支持的。所以，管理是很难从内部打破的，也就是说我们每个部门的管理人员从本部门的管理出发，在本部门的管理范围之内是可以取得一些管理的绩效的，但是如果上升到公司层面，我们需要借助全价值链的思维去提升公司组织能力，以3000米高空的视野进行整体规划。

任何基于局部改善的最终落脚点应该是服务于系统。所以精益最终是为企业去建构一套敏捷而经济的"生态式系统"，将企业的管理效益放到最大。

至此，我们已经完成了一个完整的PC流动化的改造。下个阶段，将进入工具解读篇章，在我们改造的过程中，那些使用过的工具其内涵到底是什么？我们将再进行逐一细致的分析。

请各位读者记住，工具不是终点而是起点，终点是精益系统养成，更多的时候要使用工具，但是不要被工具所限制，要建立对于精益体系的整体性思维。

第三部分

动力轮转之工具使用

流水线的建构过程中,必然不能忽略工具的使用,也就是在本书第一部分讲的轮子,轮子需要转动起来,然后通过这种行动驱动企业前行。

所以,轮子有两重意义,第一重意义是工具就是轮子,使用工具产生轮子的滚动,使用的有效工具越多,也就是基于价值流改善使用的针对性工具越多,企业管理水平及绩效就提升得越快。

轮子的另一重意义是,它的圆形即代表循环,每个向前的动作都不是轮子的置换,而是轮子的重复。当我们用一个工具驱动到一定的程度之后,这个工具不能就扔掉了,而是在下一个阶段制订更高的目标,并循环这个过程。

所以,工具的使用,绝非一茬子的事情,否则做这件事情的意义将非常有限。

很多公司把精益的推进搞成了"运动"式活动,起始敲锣打鼓好不热闹,在系统推进了一段时间后,精益管理取得了一定效果后,这件事情就销声匿迹了。

当笔者问到有的企业领导,精益推行得怎么样,对方回答是几年前我们做过,现在早就不推了。这样的回答就说明其实公司内关于精益的体系没有建立起来,驱动系统是不完善的,当一个企业不再为驱动轮的持续运转提供必要的环境后,其实是企业本身就不再进步,这样的精益推行就是"伪"精益。

所以,工具一定要使用,更要持续使用,不仅如此,还要明白每一个工具和价值流改善之间的关联。

第八章　七大浪费及浪费消除

我们已经知道体系，所有的生态小圈，是为价值流动准备的。那么首先要找到价值，就是从"客户"的角度去定义价值，分清楚什么是有价值的，什么是没有价值的。

价值管理，比时间管理更加重要。

生产过程中与产品相关的价值事件如此长时，比如生产周期很长又难以控制，以至于无法形成连续价值流，是因为它的敌人——浪费一直形影不离。

比如在写这段时，笔者出去喝了一次水，然后又接了几次电话，接着又去取了快递，还有什么七七八八的怪事情，从开始的时候到结束是4个小时，但是写的字数好像是半个小时左右的量，从头到尾浪费却占据了80%的时间。

精益学者把与价值对立的浪费称为"七大浪费"，只有认识浪费，才能结束浪费。浪费的寻找和终结对于精益系统建构和梳理，是有非常重大的意义。

1. 关于浪费

（1）搬运浪费

在产线中，有非常多的场景需要去搬运重物。甚至，在工作中经常使用的一个工具或者物料，是被安置在比较远或者高的位置上。它的使用频率如此之高，工人却日日去爬上爬下拿取，然后来到工作区域，这就是搬运的浪费。

或者需要处理公司的文件，本来员工需要拿取10份资料，可以一次拿取,但是却觉得没有关系,便要一次一次地去拿,因为似乎也不是很着急,这也属于浪费。

也许,我们并不认为这样有什么不妥,多走几趟没有关系,多搬几次无所谓,反正也没有要紧的事。

但是却忽略了一个重要的事情,就是如果每个价值事件都被浪费大量占用,我们的时间也被浪费剥夺了,那么是否还有时间和精力去优化我们的精益系统呢?

我们是否还有时间去做价值更高的事情?

我们必须来分析一下搬运浪费产生的原因,是什么样的一个情况造就了我们"不得不搬"的情况。

一般来说,生产布局本身不合理,工序之间的距离过远会造成搬运的浪费。然后由于厂房及作业空间的限制也会造成搬运浪费。

现在建议如果是一个新的厂房,要在规划设计之初就融入精益管理的理念,这样就不会因为设计本身的硬伤造成企业在后续很多年里一直在重复这种浪费,把钱消耗在根本看不到的地方。

加工批量及周转量过大,或者搬运工具不适用于单件连续流或小批量也会造成大量的搬运浪费。有的公司周转设施一直在升级,从拉的到推的,再到电动的,这种升级内核不一定是你公司产量在提升,而最可能是你认为周转工具的升级可以促进内部效率的提升。

其实不然,加工批量及周转量过大,只会让等待加剧,会增加整个作业过程中的无效耗时,拖长生产周期,很多东西如果用单件流或者小批量,也许就不会产生搬运的动作。而由于周转量过大,往作业地一堆,工作人员就开始一件一件搬运,而这个过程本就不应该出现。

搬运浪费的定义就是对产品及原料进行装卸、移动、放置与堆积等非增值活动造成的浪费。非常可怕的一点是，很多企业已处在浪费的漩涡中却不自知，以为这是一种"应该"存在的状态。

我们在本书的第二部分中要求读者去做一些准备工作，比如工具箱、配送机制等，实质都是对于浪费的一些根本性解决办法。在浪费的解决篇章里，还会给大家系统性地呈现怎么去解决浪费的问题。

（2）不良浪费

不良浪费很好理解，就是做了一件不良品造成的方方面面的损失。

这件事儿，就从我们经常听到的那"我没有功劳也有苦劳啊"说起。

苦劳多半是不良浪费，如果苦劳必须存在，即便不能消除，起码也是应该尽量减少不是吗？

不良浪费会直接让一个价值事件变成一个非价值事件。比如产线工人完成了一个不良品，然后直接导致发货延迟，随后即便加班到晚上12点，但是这些工作和后来配合的其他部门多做的工作就都属于不良浪费。

我们要了解一下造成不良浪费的原因，包括人员技能不熟练，质量意识差，责任心差，"一不留神"就造出个"不良品"来。

由于设备及工装，量具保养的不到位，然后精度出现偏差造成了不良产品的出现。很多人对于这个原因会自然推到"硬件条件"的问题，出现问题第一反应是那是"设备"的原因。其实不然，是人的原因。是由于"人"对于设备等保养不到位最终造成了不良品的问题。我会在后面的章节里详细给大家讲解自主保养的工具，来阐述"灰尘"原罪。

人员未按照标准作业指导书进行执行也会造成"不良"品，我们一直都在说要有标准，标准怎么建立，但是事实上在整个装配式建筑行业的生产阶段，还是过度依赖于"个人"经验，这个行业的"标准化"程度可以说决定着未来行业可否快速发展。

在制造过程中，如果缺乏"防呆"设计，就会让"呆"发生，然后造成产品的不良。防呆的设计不仅仅对于产品，更是对设备及治具等的一种保护。

除了我们比较熟悉的生产制造过程中的一些因素会造成不良品的发生，再往前追溯，在产品设计端如果设计本身不合理，选用品质各方面本身就不适配的材料，让产品制造过程中的难度加大，那么生产出不良品的概率也会比较大。此外，生产产品的环境温度、湿度、粉尘等都会对产品最终制造有直接影响。

了解了不良品的原因，就要尽可能杜绝各种不良品的产生。因为生产一个不良品，然后因为不良品返工或者报废导致的损失常常是叠加的，除了最基本的人工费、材料费、能耗还有可能接受的客户投诉，索赔以及市场声誉损失等。

（3）动作浪费

笔者在医院陪病人的时候，病房里一位护士需要从角落里拿着体温计、报表，然后去给病人检测填写。发现护士每次都从车上拿下她用的东西走到一个人床边，然后再回去，再拿一个东西过来到另外的床边，笔者试着在纸上画了画她的行走路线（面条图），就像一团麻一样，并问她你每天要走多少步啊，她说一般要2万5到3万步。

护士的工作是非常辛苦的，但是如果经过科学的布局，比如器械台的位置摆放，然后重新按照她的工作职责进行流程梳理，并细化到她的行走路线上，让她的工作价值流动起来，就一定会降低她的工作强度，那样她就能管理更多的病人。所以很多国内的医院也在这几年里导入了精益管理方式。

举这个例子，就是想说明动作浪费常常被蒙上了"应该"和"小事"的面具，让我们常常忽视。

做任何事情，哪些准备工作应该提前做，怎样降低我们的弯腰，转身，抓取等一切已经习惯的动作，减少你的走路步数，最高效又轻松完成工作都是我们应该思考的，因为动作浪费会不断吞噬我们的价值时间。

有时候对比技术不熟的作业者和熟练的作业者，结论经常是"熟能生巧"。

这点没错，因为经过"人、机、料、法、环"的分析，对于"专业"的解读应该是好的系统流程（生态），低浪费（时间价值取向，降低所有浪费时间的因素）。

所以，我们来分析下动作浪费产生的原因，比如整个的作业空间有限，然后物料或者工具的摆放又不是很合理，就会让作业者产生一些动作的浪费。

然后在生产的过程中，缺乏自动化，机械化的技术手段，全部用人工来完成作业等等都会造成动作浪费。

这个地方要提出"简易自动化"理念。在资金规模有限的情况下，不一定是必须要采用"全自动化"去完成我们的作业过程，不一定完全"不用人"就是最好的路径。更多的时候，采用人和"机器"结合，用简易自动化代替人工作业中重复繁琐的作业，降低人的动作浪费，把相对难以自动化带有技巧的作业部分继续依托人工进行，对于企业来说，是更加有效益的选择。

如果生产现场缺少对于产品，物料及加工位置进行定位或夹持的工装，也会造成人员的动作浪费。因为没有这些工装就需要人来充当这个工装，不断使用"固定"和"调整"动作，造成了很大程度上的浪费。

或者工作台面和周转车没有充分考虑"人因工程"，用起来总是不那么"顺手"，也会让作业过程中不断弯腰，转身造成一些多余动作浪费。

还有呢就是现场的 5S 和目视化水平比较低，我们总是要"找啊找啊找"，这个翻找的动作是一种特别常见的浪费。

最好的管理是从细处着眼，然后又终归于细处。

针对动作浪费的部分，大部分要结合标准化建构过程中的ECRS工具进行动作浪费的识别和简化或者消除。其次一些基础的工作如5S目视化，工装设计等也和结果息息相关。

精益的工作，始于心也终于心，这个心也是细微处的一种表达。

有的管理者会说做这么多看起来微不足道的事情到底存在的意义几何？

这所有细微之处的改善，在日积月累的过程中，会让企业的体质蜕变，从小的地方入手，按照体系构建的套路一步步搭建，你终会有所获。

所以，不要轻视任何一个小的动作浪费，只有细处"精"，才有企业的整体"益"。

（4）库存浪费

关于库存浪费，想用一个生活中的小例子给大家讲解一下。

对于一个精益咨询师来说，"断舍离"是必要的初级步骤，但是要清除库存浪费，"断舍离"还是不够的。

笔者有一个非常好的朋友，她每周都要整理冰箱，这个过程大家都很了解，也是经常做的。她会把冰箱里的东西都拿出来，一些到保持期的，或者确定不了日期的就直接扔掉，然后大致看看冰箱里有什么，腾出新的空间再去填补一些日常的菜品肉类。

猛地看上去，这个过程没有什么问题，一个星期清理一次冰箱的人其实是很厉害的，因为笔者在妈妈的冰箱里就发现过两年前的熏肉，很明显，两年前的熏肉占据了价值一万元的冰箱的5%的空间，价值500元，冰箱所占据的那块地价值1万元，熏肉又吃掉了500元，这就是库存浪费的算法。

对笔者朋友来说，她每周清掉不好的库存是一种常态事件。她冰箱清理是价值事件，但是浪费过多，包括动作的浪费，每周一次检查重复看外包装，摆来摆去造成搬运浪费等。所以所有的浪费都不会独立存在，会有延伸。

现在，就是希望你能意识到浪费之间的拉动和连锁效应，库存一定需要科学的规划和管理。

从生活中再延伸到工作中，那些在库产品或者物料究竟为我们带来了多少损失，也就非常清晰了。

很多企业平时是比较疏于进行仓库的整理的，5S工作大多是浮于表面。

其实在没有任何小的体系的支撑下，很多管理的结果就会停在"维持"这个阶段，无法继续"精进"。

如果仓库里的库存持续增加，就如放在冰箱里的熏肉，吃掉更多的空间，并且被动延伸出很多也许并不必要的工作。

在库存产生的原因方面，除了管理者对于"仓库"管理本身的意识不够,还由于过量和提前生产,比如因均衡市场需求的波动性而进行的过量生产,因产能不平衡而导致的过量生产,为防止突发情况而进行的过量生产,因产品的工艺要求而进行的提前生产等。

所以企业为防止突发情况、缓解供需矛盾、均衡市场波动而造成的生产供应超过市场需求的浪费就是库存浪费。

在很多公司的意识里,多生产一些,多备一些总是对的。但是这是错的。

因为要应对一些"不时之需",但是随着时间的推移,并且本身没有赋予仓库规则,最后库存会成为企业的"金钱黑洞",把企业的资金牢牢锁在这个地方,然后再慢慢吞掉。

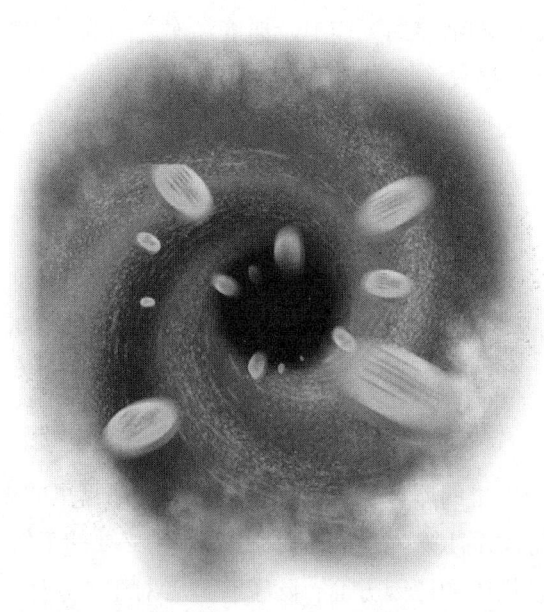

所以，库存管理是非常必要的工作，要结合 5S 工具建立仓库生态系统，定期进行仓库整理。此外对于在线库存部分，则要依托于产线规则进行整理，我们的产线要保证平顺运行，会对在制品库存部分有一定的要求，包括摆放方式等。

所以，精益的任何环节都无法独立存在。换句话说，这是一个因果相依的系统，只做一点点局部的改善对于全局并没有核心意义。

（5）等待浪费

说起等待浪费就要回到那个问题，为什么要让产线流动起来呢？

因为要消除等待浪费。

等待浪费的形式多样，在产线里可以等物料、等工具、等人、等设备。

我们可以简单定义一下，就是如果没有按照流水线的机制走，其实所有的断点就都存在各种等待浪费。

等待浪费产生的原因主要有设备故障，人等待设备维修。

还有产能不平衡，明明设计产能不合理，A 工站可以生产 10 个，它的下工站 B 却可以生产 20 个，那么 B 工站一定会等 A 工站生产出来它需要的量。

还有公司产品切换过程中就会有等待浪费，所以快速换线在精益里是一个专门的课题，为了降低等待时间。

人机作业未分离也是一个等待浪费的原因，什么是人机分离呢？就是这个人是设备的看守者，他其实并没有任何作业的动作，仅仅是看守。人机分离最早是丰田创始人丰田佐吉提出的，他发现纺织机在运行过程中需要人去看护有没有断纱，如果出现断纱就需要人工干预，去把纺织机停下来。其实这个时候，人是沦落为设备"看守奴"的，这个过程中，并没有发挥"人"作业的优势。

丰田佐吉通过在纱上去挂一个小重锤装置,在断纱时,重锤就会掉落,然后生产过程就会停止,这个时候再由人工进行干预,这就是人机分离的原理。实现人机分离以后,可以实现一人看多机,降低人力成本。所以,我们也需要在自己企业中去看一下人和机配合的状态,看看人机作业是否分离。

在原材料供应不及时等状态下,也会造成等待浪费,因为要等着供应过来才能生产。第二部分产线设计里,做了很多的在线工具箱,实现在线配送都是消除等待的一些手段,而这些手段都是为了拉动产线连续流。

其实在各种浪费里,最容易被识别的就是等待浪费,也是最应该被发现和立即消除的部分,我们的脑回路应该被激发成一看到等待浪费,瞬间就导入5W根因思维,找到等待的原因,制订对策进行消除。

任何的在线等待都会造成在线损失,消除浪费为了产线高效运转,产线高效运转也消除了各种浪费。

(6)加工过剩的浪费

对于加工过剩的浪费,并非单一"加工"的多就叫作加工过剩。

而是在加工过程中产生过多的繁冗的动作或者过度吹毛求疵等都属于加工过剩的浪费。其中就包括品质、检验、设计等一系列的问题。

对于品质,所谓不浪费一定是在合理的"品质要求"的范围之内。如果这个产品超过客户需求,有时候甚至超过规格过分精确的品质要求,这就属于一种浪费了。

举一个生活中的例子,家里中午要做饭,妈妈让孩子削土豆皮,这是一件非常常见的事。大家对这件事情都有认知,简单来说就是把土豆上的泥洗掉,然后用削皮刀把皮去除。

过了半个小时,妈妈过来问孩子要土豆去炒菜,发现孩子还在洗土豆。

妈妈问怎么还在洗,该削皮了呀。孩子回答说我才洗到第五遍,我觉得还没洗干净。妈妈说,最后皮会削掉的呀,那用水冲掉表面的土就可以了。认真的孩子说,一定要洗干净才可以。

这个场景其实不是很多见,但是我想告诉大家,超出于客户或者"标准"的关于品质的追求一定会带来某种浪费。这并非因你对"品质"追求较高,而是做了一些本无谓的事情。

比如一个产品的尺寸公差按照客户需求是 ±0.06mm,但企业内部出于种种原因,很大程度上因为内部部门之间不信任,为了增加可靠性,就自己定义为 ±0.04mm。

这个规定就造成前工站为了达到品质要求去升级自己的设备或者机构,甚至为了保证这个品质去增加质检人员,然后让设备成本及折旧甚至于人工费都成倍增加。

除此之外,类似的举措带来的后果还有需要多余的加工时间、需要多余的加工人力、需要多余的模具治具,以及多余的水电气场地投入。

同时不可避免的副产品就是本来合格但因高标准报废的产品。

产生过剩品质原因有很多,但是不外有以下几个部分:

首先就是部门壁垒,为了增加本部门的安全系数而进行的自保行为。

很多部门,都一直以"高度自治"作为部门管理的核心。在高度自治之外呢,对于其他部门则保持着相对的警惕,为了实现本部门的"和谐稳定",就会在部门和部门的接口处进行壁垒设置。

比如市场及工程开发人员在开发阶段是负责沟通和客户沟通技术问题的,在接受客户标准后,相关人员把这个转化为内部标准。

在这一过程中,为了保证未来质量满足客户要求,不出现品质问题影响交货,就会刻意加严内部标准,以规避自己部门的责任风险。

而制造部门不知内情,只能盲目遵循已经加严了的"内部标准",投入了较高代价去实现这个并不必要的品质要求。

其次,很多时候过剩品质是企业为了增加安全系数的一种自保行为。

有的企业或者为了与竞争对手比拼,或者想刻意讨好客户,就自己盲目地提出"想客户之所想""比客户需求还要高"等口号,结果增加了自己的成本。

还有,有的企业制程能力弱,加工中品质波动大,为了减少波动带来的客户投诉,在源头提高品质标准以抵销制造成本波动带来的风险。

但是有的企业本身加工能力强,资源配置高,标准本来就高,并且降低不下来。

就好比在东北林区用优等原木烧火做饭,而我们买的高档家具都不是原木材料的道理一样,许多企业是本身标准高了。

你有了金刚钻,本来应该做些瓷器活,但是你偏偏用金刚钻去做一些普通钻头都能做的活儿,那就属于过剩品质。

说完了过剩品质,来讲讲过剩加工的问题。

过剩加工就是多余的加工,是为了达到最终产品规格加工中存在的超过最经济加工的浪费。

比如想做个围裙,拿了一块刚刚好的布,小小地裁一下边边,围裙的形状就出来了,这是 OK 的。但是如果拿了一块挺大的布,从布的中间掏出一个围裙的形状来,然后大刀阔斧地下剪子,那么这个就属于过剩加工了,这个就是所谓超过最经济加工的浪费。

在制造过程中,比如一个模具加工要经历下料—粗铣—精铣—热处理—研磨—EDM（经验模态分解）—装配—检测，在下料时候的毛坯要比精铣时候尺寸大，但可以大 3mm，也可以大 15mm，然而后者浪费的材料远远大于前者，这部分就是浪费，加工的浪费。

再比如电路板制造过程中，需要在插组件位置喷助焊剂。那我们在作业中可以对着整个载具面喷洒，也可以只在有效面积喷洒，而后者可以节约至少 60% 的助焊剂。如果用前一种方法喷洒那无疑就造成了助焊剂的大量浪费，这就是加工的浪费。

总结一下就是加工浪费直接浪费材料，间接会浪费设备、人力、时间、辅材等，从而提升产品成本。

除了过剩品质和过剩加工，还有一种过剩叫作过剩检验。还是回到过剩品质中企业因为"客户"考虑增加自己的成本提升品质要求这个场景中，有的企业会在自己公司内部自行添加客户不付费的检验，然后造成了浪费。

当然，造成过剩检验浪费不一定是完全以"客户为中心"造成的，有时候是因为企业自身制造系统稳定度低，企业对自己制造系统的稳定性没有把握，而又要满足客户需求所以只能靠增加检验，这实际是补偿企业自身系统稳定度差的表现。

比如，管理者不清楚现行检验方法是否能保证出货品质，而面临上述情况时企业又不能成功导入精益生产方式，也不能成功导入自动化以及 TQM（全面质量管理）时，企业会选择临时性的最笨也是较有效的方法就是增加检验，从而产生过剩检验。

所以，企业如果无法从根本上（管理等方面）稳定自己的制造系统，就只能依托过剩检验这种形式，其中包括局部的全检和制程内增加检验工序两种。

最后，我们来谈谈过剩设计的事儿。

过剩设计也叫冗余设计，是指在产品、技术规格、组织等方面的设计上给予充分的安全系数。这个"安全系统"的保障性越高，一般造成的浪费就会越大。

有的公司在人事组织上，会招募更多的人以应对突然离职，这个"更多"的量就是浪费。

比如一场足球赛前，很多时候会准备两名守门员以防不测。

举个工厂里面的例子：一个机器外壳分两部分，原先设计时这两部分是螺丝连接，后来改成插接连接方式。但为了防止在外壳受严重外力变形时候插接连接脱开，还是采用了插接连接＋螺丝连接，这也是冗余设计。

比如本来可以用通用件或标准件，但却设计成非标的，无谓提升了成本。

比如一个螺栓固定两个零件，就强度而言，3圈就够了，但螺栓一定设计成10圈，陡然增加了劳动强度而无价值。

有时候过剩设计是必要的，可以提升安全系数，但无谓提升安全系数则会产生加工过剩，提升制造成本，这在新产品开发的时候要特别注意。

（7）过量生产的浪费

前面已经分析过库存浪费的问题，关于过量生产其实很多人会将其与库存的浪费相混淆。

两者确实有相同的地方，库存浪费和过量生产表现出来的都是产品堆积。只不过一个强调的是生产过程中，另一个是强调成品。所以，在场景不同的情况下，不可以将两者混为一谈。

因为有了过量生产才会有库存的堆积，过量生产是导致库存过多的原因之一。所以，现在要聚焦于消除生产过程中的浪费，也就是"过量生产"的问题。

一个企业要想占领市场，就要准确满足客户需求。也就是在客户需要的时候，做出客户所需要的数量的东西，生产过多或过早同样都是浪费。这个思想就是JIT，当然它也是来自于日本丰田。丰田喜一郎在考察完汽车项目准备上马的时候，清晰地看到在日本发展汽车和美国的巨大差异及差距，美国工业基础是远远在当时的日本之上的。然后，当时的丰田集团能给喜一郎用于汽车研发的经费也极其有限。为了完成汽车研制这个事业，喜一郎就提出了在需要的时候，只买需要的产品，不能过多，也不能过早。

在过量生产这个浪费中，我们定义的所谓必要的东西和必要的时间，就是指客户已经决定要买的数量与时间。

假设客户只要100个，如果生产了150个，因为多余的50个并没卖出去，仅是变成库存，这些库存会增加成本减少利润。所以，多做了是浪费。而过早生产同样也是浪费，因为过早生产必然会产生一段时间的过量库存。很多企业不明白这是一种浪费，反而以为多做能提高效率，提早做好能减少产能损失。显然他们没认识到过早生产会导致过量生产，过量生产会导致过多库存。

生产车间的主要任务是完成生产计划，所以，生产车间就会尽量加快生产、提前生产，以便顺利完成生产，不要因为生产原因导致无法交货或交货延期，结果便导致了生产现场堆满了在制品和产成品的库存。

过早过量生产会产生很多问题，就和库存产生的连锁问题一样，它会产生很多衍生的问题，包括提早用掉了材料和人工，过早产生了各种费用，那么企业现金流就会受到一些影响。

会自然而然地积压在制品，其结果不但会使生产周期变长，而且会使现场工作的空间变大，机器间的距离因此加大，然后要求增加厂房，这样在不知不觉中，将逐渐地吞噬经营利润。

过量生产会把"等待产生的浪费"隐藏起来，使管理人员漠视等待的发生和存在，因为一直在过量生产，使我们根本无法分辨现场多出来的物料性质是什么，让很多浪费呈现"滚雪球"似的暗性增加。

过量生产会产生过量搬运、堆积的浪费，并使得先进先出的作业产生困难。

过量生产也会让产品转产与切换变得非常困难。因为过早、过量地生产已经产生了不少多余的半成品，必须要把这些多余的半成品消化掉才能切换到另一个产品。

尽管过早生产、过量生产存在一定的问题，但大多数公司依然要这么做，这是市场的要求使然。企业面对激烈的市场竞争，就要要求主要产成品均有库存，以便一旦签订合同就可以发货，减少公司的机会损失，从而使公司获取回报。

但是市场部门对客户需求量和交期的预测不可能准确，所以导致生产制造部门为提高效率和设备利用率而成批投入和生产，以随时满足市场的需求。

而客户的需求是经常波动的，这造成每月仍有一些按交货期完成的产品入库后等待较长时间不能发货，造成制造过多和过早的浪费。

要想消除过量生产浪费，就要坚持在适当的时间生产适当数量的产品这一理念。

比如在工位设置了标准在制品量，让大家知道，这个工位只能生产这么多产品。对该工位在制品放置区进行明确定位和标识，一个萝卜一个坑，超出限量后立刻可以被发现和处置。

每次下道工序取走多少产品，该工位的员工就允许生产多少产品，然后补充到标识出来的在制品放置处，如果下道工序不消耗，该工位的员工就不允许生产。

可以说，公司生产现场的浪费互为关联，浪费和浪费之间相互促进，企业的资金就在各种浪费间被吞掉，造成了成本虚高和各种经营困难。

解决浪费的前提是认知浪费，在我们了解了浪费的形式，存在的原因，甚至是存在的原因的原因后，才能从根本上解决这些问题。

（8）其他典型浪费：没有充分利用人的潜力的浪费

笔者一直很犹豫，要不要写出以下这些，因为一瞬间就可以让你感觉本书已经不在精益专业的范畴里。

笔者希望读者能理解，能接受，能运用，而非打开一本厚厚的专业书一下子就被吓到，然后生涩专业的词汇让你觉得自己没办法掌握如此高深的"精益思维"，所以才有了我这本书。

所以，可能这些案例本质上和"精益"没有关系，但是管理是一种修炼，走的是内功，不论是再细小的事情，在科学管理的范畴之内，都会找到相对应的 BUG（错误）和解决方案。

所以，带着可以随便看看的心态，来看看还有哪些"周边浪费"，这些决然不是全部，更多的，你可以自己发掘并清除。

除了生产中常遇到的浪费，我们再来看看其他的浪费形态，很多浪费可能和成本损失看起来并没有很强的关联度，但是也会影响着企业的运营。

打个比方，有很多人特别是管理者习惯于所有的事情都亲力亲为，明明有一个部门去工作，但是管理者基本承载了一大半的工作，且不用其他人的原因是"做得不如她好"，她不用下属的原因是"做得不如自己好"，这样的"顶梁柱"其实对于整个部门和整个公司来说，是一种很大的浪费。

其他员工无法获得激发潜力的机会，自己承载得越来越少，工作越来越没有存在感，但是公司需要支付正常薪酬给每名员工，而这位"顶梁柱"所有时间基本上都被完全占据。

虽然都属于价值事件，但是价值分大小，这位管理者将很难有大块时间去做大价值事件，也无法获得成长需要的时间，对于公司来说也属于一种浪费。

所以，如果领导一个公司，一个部门，领导者需要同事和下属去承载公司的价值工作。因为参与感是他们对工作建立热情的基础，而培训是链接这些事情的工具。

所以，培训起来吧，我看过一个特别有意思的关于培训的对话：

"如果都把员工培训好了，他们将来走了怎么办？"

"那么如果他们什么都不会，他们一直待在这里又怎么办？"

（9）其他典型浪费：多余的信息和沟通浪费

现如今，我们处在一个信息爆炸的时代，微信里有各种各样的群组，然后有各种短视频和信息App在手机里，一天大部分时间会不断地去看各种信息，这从精益的角度来说属于多余信息和沟通的浪费。

很多群组对你是有意义的吗？很多信息是有意义的吗？

可以说，无效信息是一种最可恶的绑架工具，它们就那样堂而皇之占据着人们价值事件的黄金时间，把价值流硬生生地卡断。

此外，不仅仅是自己，如果在一个群组里，人们只是机械传送一些事情，而这些事情并不是这个群组里每个人都需要看的一个必要信息，那当事者也在不知不觉中成为别人价值流的切断者，这就是浪费。

所以，从现在开始，要去清理一下群组和信息流，好的信息流需要和价值流一样，顺畅流动并依附于价值本身，不好的信息只会吃掉人们的价值时间。

沟通也是一样的，我见过一个老板和他的下属沟通一个商务饭局：

这个关于商务饭局的沟通,持续了20分钟左右。

这就属于一个沟通的浪费,它的本质是高效沟通信息系统没有被建立起来,常常我们认为20分钟做一个这样的沟通是常态事件,但是如果每天和下属和上司以及和家里人的沟通都要如此往复,还有多少时间要做更有价值的事?

(10)没有被跟踪到底的浪费

我们已经知道要减少和消灭浪费,针对以上浪费,也是制订了一系列措施去重建各个小的价值流体系。

但是如果这个价值流体系没有被从根本上建立起来,或许就在脑子里转了一圈,又或者是你做了个开头没有坚持到建立完善的价值流体系,没有从根本上解决浪费,那么就产生了新的浪费,就是没有跟踪到底的浪费。

之前做的一些不彻底的动作和流程再造基本上也属于浪费了。所以，发现浪费，从根本上消除，建立好的价值流系统，千万不要犹豫和中途放弃，不然又在创造新的浪费。

2. 破解浪费的方法

为什么要讲浪费呢？因为浪费和价值相对立，认识浪费的概念以后，要学会识别浪费，最终消除浪费，让价值的比例越来越大，这也是精益的核心要义。

上文几种浪费有时候不是单独存在的，更多的时候他们交叉或者共同存在于一个价值事件中。

浪费从另一个角度来看又可以分为必要浪费和纯粹浪费，必要浪费指的是没有为客户创造价值，但是对于整个流程来说是必然不可缺少的，这种浪费应该通过简化而尽量减少。纯粹浪费就是不产生任何价值，并且可能让价值贬值，对待这种浪费就努力做到彻底消除。

在处置一个浪费的时候，除了明确它属于等待浪费还是沟通浪费，也要判断出来属于必要浪费和纯粹浪费，这样在制订浪费消除计划的时候，目标就是明确的。

浪费最多出现的两个地方一个是在没有做事情的地方，也就是流程断开的地方，会经常存在库存，等待和搬运的浪费。

举一个生活中的例子，比如开会过程中原定计划轮到 A 进行发言，然后各种问题导致她发言停顿，这对于会议流程来说就是断开了，就出现等待浪费。然后比如秘书要打印资料，打印到一半发现缺少一些打印纸，然后她停止打印工作去搬运纸，然后因没有做好文档的计划工作，也就不知道打印要用多少 A4，A3 纸，打到一半再去确认，打印机出现等待浪费，等待同时出现搬运浪费。

在生产现场，这个就更加明显。如果生产一个产品需要 A、

B两个工站，在这两个工站之间就属于所谓没有做事情的地方，你在这两个工站之间画个圈，然后像唐僧一样站进去，看看有没有三种形态，就是库存，等待和搬运，就能找到浪费。

为什么我要说，大家需要站在圈里看呢，因为浪费形态的根因需要时间才能看到。比如就看见一堆货在那里，然后没停留去观察，那就没法判断是正常暂存，还是积存已久或者是等待，所以才会有"大野耐一"圈的出现。

搬运浪费也常常存在于两个工站之间，主要是因为只要放下，就得拿起。很多人会觉得这个过程似乎很正常，但是其实还是有很多被忽视的搬运浪费。

工厂里运送物料都是多由叉车进行，在A工站，由工人把物料搬到叉车上，然后叉车运送到B工站，再由工人把物料从叉车上搬下来放到地上，这两次搬运是不是正常的呢？

很多人的第一感觉是，这个太正常了。

其实在精益里，这就是一种浪费。在一些客户的工厂里，会要求工厂运送物料必须采用托盘，托盘存在的价值是可以"直接叉走"，这样就省了工人搬上搬下的过程。

看起来一个如此简单的改善，就可以把搬运浪费给解决掉。

所以我们有时候去看一个管理比较好的工厂时，会觉得好像看起来也没什么吗，整洁整齐，有几条线。

> 但是，每一个规则背后的原因，原因的原因才是我们应该去学习的。

浪费出现的另一个地方是正在做事情的时候，常常出现多余动作，多余加工和不良浪费。

很简单，人们辛辛苦苦做的一件错事就是很大的不良浪费，而多余动作浪费常常是在无意状态下发生的。正是因为你一直在这件事情里面，一直在做动作，所以你会忽略自己的动作浪费。

比如在炒菜过程中需要蒜蓉，你用最熟悉的办法进行剥蒜，然后拍蒜、剁蒜，觉得自己还做得很快，但是有很好的工具可以更快地完成这些工作，你却觉得没有很大必要，不就是几分钟吗。

在工厂里，在生产操作的地方，一般就会出现很多已经"习惯了"的动作浪费，加工和不良浪费。对于采购和制造环节来说，不论是过多还是过早，都会成为七大浪费的根源或者促进因素。

观察浪费有两个方向，第一个方向是去看一个价值流事件中，整体时间都跑到哪里去了。你作为一个项目管理者，需要从项目全局去统筹一个项目进度，其中包括一些跨部门的合作等。如果要缩短这个项目整体的时间，可以采用"走动观察"的方法，将本事件逆向循着流程，包括物流，信息流等等，边走边观察，然后对于流程经过的时间，各项资源的等待，停滞等进行浪费识别和记录，就可以找到一个个突破点。

除走动观察之外，还要交叉使用定点观察法，就是站在某个特定的工作站或者岗位，去仔细观察一些小事件属于什么浪费。

第二个方向是看看一天工作的 8 小时都到哪里了，这个用在自我管理维度上也是很有用的，就是看看自己"工作 8 个小时的时间都跑哪里去了"（或者一天 16 个小时都在干嘛）。

很多时候"时间不够用"是我们最常说的一句话。想让时间够用就得知道时间去哪里了，你可以用笔记录，如实将每一件事情原原本本记录下来。如果用手机刷新闻了，也大概记录下自己看了什么，判断这件事情是不是有价值的，这个结果可能会让你大吃一惊。

识别浪费，我们常说的就是"三现"，这是由丰田创始人丰田佐吉提出的。

三现的大哥叫作现场,他的口头禅是"不怕跑断腿,就怕磨破嘴;不信谣,不传谣,不造谣"。我们识别浪费一定要到现场看,不能以听说替代。二哥叫作现物,他经常说:"人证物证俱全,以事实为依据,不妄下结论"。老三叫作现实,他信奉:"查记录,收数据,绘图表,找规律,追原因,情境再现,止损防错"。

浪费,只能在现场,以现物为依据,结合现实情况进行判定,这个三现原则也应该是我们处理问题的基本思路,在生产现场出现任何问题时,大家一起来到现场,一起来寻找问题发生的原因,从根本上去解决问题。

在我们可以准确识别浪费以后,就可以进入浪费消除实战阶段,所有问题最后的归路都是解决。

(1)移动和搬运的浪费

对于搬运物品导致的浪费,主要问题有两个,一个是现场堆置场也就是"孤岛",它主要因为仓库和堆置场之间的距离太远,另一个是堆置场里库存太多。这样就造成了搬运导致的浪费。

对于生产线上物料迂回流动的浪费,则主要是因为机器,流程之间或者客观或主观存在的距离,比如很多企业存在半成品库,流程上必须要求产品入库,那么这段搬运就是必不可少的。

改善以上浪费的方法主要有三个,第一个是优化回转方式,就是让生产单位变小,运送方式为小批量多频次运输,可减少在线库存量。第二个就是把堆场尽可能设置在生产线附近,比如设在生产线内,设置在不需要员工走路就可以达到的地方。通常有一个说法,叫作转身之间,抬手之内,尽是黄金。第三个,就是直接取消堆置库,减掉中间入库及中间库管理环节,采取物料直接供应到生产线的方式。

(2)等待的浪费

等待,就像那块"望夫石"一样矗立在我们不希望看到的地方。

有三块石头，一块是物品，一块是人，一块是机器设备。当这三块石头出现的时候，时间就在不知不觉中从指缝里溜走了，与时间对应的是你口袋里的钱。

等待出现的原因有几项，如果有材料和零件短缺，物料供不上去，那么等待就会发生。如果流程失衡，特别是前后流程不匹配，比如节拍不对等也会造成等待。此外，在生产过程中，如果产生了不良品或者发生了设备故障，那么也会等待。还有一些诸如等待叉车台车，工作迟缓以及两手工作时左右手失衡等问题也会造成浪费。

从根本上解决等待的"三块"石头的问题，要适当管理订货入库和库存量，要防止错误的产生，包括建立不生产不良的系统让不良品不要从我们的系统中生产出来。此外要保持设备的正常运行，要非常重视开工率以及设备稼动率。对于一般机台来说，最好设定异常报警处理装置，保证在出现机器故障和材料短缺时能够立即处理。

此外要进行多流程整体管控，包括对于缺勤早退人员流动等其他因素进行针对性的措施制订。

（3）不良浪费

不良浪费主要和检验相关，在前文中已经非常详细介绍了不良浪费的几种情况。现在着重来解决因检验产生的搬运和抓放动作导致的浪费，以及检验本身造成的浪费，和因为不能检验出来不良浪费而导致的浪费。

不良浪费产生的问题主要有4个方面。

第一个方面是验收环节，在验收环节要对产品进行数量再确认，本身这个动作就会造成非常大程度的浪费。

第二个方面在集中检验。很多公司习惯于把产品集中在品质管理部门，所以导致了集中检验过程中的产品聚集浪费。

第三个方面则因为检验工作属于非附加价值工作。对于一个产品整体生产流程而言，检验流程的附加值为零。如果产品检验流程是非常繁琐的，必然会增加非附加价值的比例，那么就属于增加不良浪费的部分。

第四个方面是由于没有检验出来而导致不良产品流到下一个流程，那么整体来说不良浪费就会出现二次加成。

针对不良浪费的改善方法也主要有4个方面。

第一是通过稳定下游企业的产品品质来让我们免检，也就是将品质管理人员安排到下游企业。

第二是将检验工作纳入到正常工作流程中，让检验成为工序的一部分。这样在上下流程的衔接中检验就可以起到承上启下的作用。

第三是在发生任何不良浪费时及时停止，在解决问题以后再进行开工。特别是在三次以上发生同样的不良浪费时一定要坚定执行这个策略。

第四要进行随时检验的动作，要将自己生产和在前流程生产的产品进行一个随检。

3. 消除浪费的套路

了解了上述特定的浪费处理方式以后，来到套路消除环节。所谓套路就是不管是啥，按这一套打下来，就没有问题。就像降龙十八掌一样，不管是再厉害的敌人，那是要一招一招招呼下去的，能不能打赢，先耍练完自己的。

所以，套路既是一个好办法也是一个懒办法。

第一个套路是在流程内的工序间实现连续流作业。在本书前文部分就一直讲连续流到底有什么样的作用，推进连续流的核心是推进标准作业，然后在这条连续流上要实现快速换线，包括给予线体匹配良好的配送及辅助作业，然后管理者要实现连续流线体上的实时控制，在出现任何问题的时候都能及时予以处理和帮助支持。

第二个套路是在工厂内流程间实现拉动作业。用后一工站的需求去拉动前一工站。从更大的方面讲，要从工厂布局让拉动作业具备完全的条件。然后给予合理的物流搬运路径，匹配工厂内看板作业的方式来促进工厂内拉动化作业实现。

第三个套路是在供应链工厂间实现均衡化生产。包括早期丰田和其供应商之间达成了同步协定，也就是我们一起生产，在生产商需要的时候供应商正好有相匹配的物料生产出来，然后送到生产商的产线上。在工厂之间当然还可以实现智慧物流，以及实现供应链价值流的同步输送，达到一个工厂内外均衡化，平衡化地发展。

既然是套路，那么笔者想强调的是，最好按照第一个套路，第二个套路第三个套路的顺序来进行。

在我们想通过套路来消除浪费的时候，应该从最简单的开始，比如先进行流程内工序间消除浪费的做法，包括在各个工序上去实现标准作业，然后进行快速换线机制配备，让管理者具有实时控制的能力。

只有达到了工序间的连续流有序运转，再到第二个阶段，才可以在工厂内的流程间实现一个拉动。也就是在一个工序已经完全顺利的情况下，那就可以用这个已经规则明确的工序去拉动前工序，这时候涉及到的问题就上升到了工厂布局，工序和工序之间的物流搬运以及看板作业的问题。

其实问题的发生和问题的解决也都有套路，在出现问题的时候，如果我们没有找到问题的根本就盲目处理，那么处理问题的方式就会带来新的问题，所以这就像一个蚕蛹需要抽丝剥茧，找到线头一层一层去处理。

最后才能来到供应链工厂之间寻求实现均衡化生产的条件，只有在工厂内部规则全部清晰以后，我们才有机会去拉动供应链工厂和工厂之间的一个逻辑规则。如果内部规则就是混乱的，那么当这个时候盲目去拉动供应链工厂之间规则的时候,就会发现整个过程乱成了一团麻,盲目在一个点进行所谓的改善,只是错上加错。

所以,改革是非常重要的。

但是,请不要在看清所有走向之前进行盲目改革,因为这样只会让管理成本更高,而且更加看不清事情的真相到底是什么,根因在什么地方,做再多的工作也属于无用功。

(1)消除浪费套路一:作业标准化

如果一个作业过程被判断出来是失控的,不确定性特别高,会由于这个作业造成各种浪费,那么解决它的最好办法就是实施作业标准化。

为了达到人员的安定,首先要分离标准作业和非标准作业。

标准作业的部分要由线上操作者负责,非标准作业由线外的水蜘蛛负责。

说到水蜘蛛,它就是为了保证流水线正常运行,然后把除了标准化的部分抽取出来,所以这部分对于水蜘蛛来说,也是标准作业,它可以每次供应一套均衡的物料,然后保证生产线持续作业。所以水蜘蛛就是让生产线实现均衡化生产的必要条件。

我们现在分析的主要是线上操作者标准化部分,这个标准化分为工序能力表、标准作业表、作业组合表,实例里有提及。

工序能力表是表示各工序加工零件生产能力的表。内容是确定和记录每一工序每件产品加工的周期时间;确定机器或流程的能力;识别最大流程能力;识别通过减少作业周期时间或切换时间来增加生产能力。表中填入手工作业时间、机械的自动加工时间以及工具安装和转换间隔,以及手动工作的时间。

工序能力其实就是那个当下的最大值计算,也就是平顺作业中一个工序的最大值,如果我们希望线体像流水一样运行且效率有所提升,就必须保证一条最小工序能力的线体增加其工序能力,也就是瓶颈在哪里,突破就在哪里。

工序能力表	料号		类型		名称			
	料名		数量					
工序号	工序名	设备数量	基本作业时间			换型/换工装		产能	备注
			人工时间	自动运行时间	作业时间	更换频率	更换时间		
汇总									

标准作业就是针对每一个工序保证最后"能完成得很好"的过程展示。通过导入观察方法，从不同角度和方法将好的员工作业动作和流程细化下来，然后通过ECRS进行标准作业优化后形成标准作业表。

包括记录主要步骤、机台工作时间、手动时间以及本工序作业顺序。在安全注意重点区域进行特别标识，让管理者们现场管理时进行重点跟进管理，这个表以后就是现场跟踪管理以及进行工时管理的工具和标尺。

标准作业票

部门线体		文件编号		作业部位分布
工序名称		适用类型		
生产节拍(s)		作业 ———		
		移动 - - - - -		
		等待 ←——→		

循环时间(s)

操作线路及工艺、设备布局

NO	作业顺序	时间			
		作业	移动	等待	总和
1					
2					
3					
4					
5					
6					
7					
8					
9					
10					
11					
12					
13					
14					
15					
16					
17		浪费问题		改善建议	
18		搬运作业			
19		机械作业			
20		手工作业			

注释：

111

作业组合表就是以人的动作为中心，明确各工序内手工作业时间，步行时间以及设备加工时间的分配状况。

作业组合表需要我们像一台摄影机完整复刻每个工序，所有详细的步骤填写完毕后要生成一个曲线图，将走动、操作、设备自动运转用不同的线性图来表示。

通过作业组合表的完整填写，就可以分析动作中是否存在浪费。比如说走动的问题，这个员工从这边走到那边，他是否是合理的？是否可以走动距离再缩短一些？按照ECRS的套路进行一步一步分析和优化改进。

要去观察员工的另一只手是不是闲着的，他拿起放下的动作是不是过多，使用工具时是否经常需要换手，需要换好几个来回，作业台的高度是否是合适的，员工是否在这个过程中有很多弯腰的动作，有一些动作是否要求我们必须用手支撑着才可以作业。

在作业过程中有没有身体上下移动，是否有很多转身的动作，有没有折返回来的迂回步行，有没有让员工保持相对痛苦的姿势，以及移动是否有节奏、有规律。

最后，我们要看设备和人是否互相有等待，无论是谁在等待，那都是一种巨大的浪费。所以作业组合表的制作过程也是一个工作改善优化过程，通过制作作业组合表就会带给管理者更有深度的思考，把一些不合理的动作，不合理的规则，在制作过程中就及时进行剔除，它和提案改善不断优化的这种思想是非常契合的。

产品型号		标准作业组合表			制作日期			循环时间（秒）		
工序	安装××				部门			节拍 TT（秒）		
序号	作业名称	时间（秒）			作业时间（秒）					
		操作	设备加工	步行	2 4 6 8 10 12 14 16 18 20 22 24 26 28 30 32 34 36 38 40 42 44 46 48 50 52 54 56 58 60					
1										
2										
3										
4										
5										
6										
7										
8										
9										
10										
合计										

（2）消除浪费套路二：人员安定化管理

通过标准作业使生产线的速度稳定下来，并达到了初步减少多余作业人员的效果，同时保持了人员相对稳定后，要进行的就是人员安定化管理。

人员安定化管理分为三个部分，分别是岗位安定化、技能安定化以及作业安定化。

岗位安定划分为定员定岗、岗位分级以及用工安定化。

定员定岗就是什么样的人要在什么样的岗位上工作。岗位分级是在一个岗位上不同技能进行不同的分级规则，这个岗位分级也可以作为后期薪酬的一个重要依据。用工安定化则希望人员流动性不要那么强，让员工达到一个相对稳定的状态。

技能安定划分为技能培训、技能评价、业绩考核以及多能工培养4个部分。

要让一个技能在一个工厂，在一个工序稳定下来，首先就要进行全面技能培训，让接受过这个技能培训的员工都具备与本工序相匹配的技能。培训只是第一步，在培训结束以后，还应建立技能评价机制，保证本工序上工作的人员技能是达到要求的。并且在技能培训和进行评价的基础上，还应该做和工人的效率品质挂钩的业绩考核。

然后需要推进多能工培养。这种非常适合于产品中小批量生产模式，当一个人兼顾多个岗位拥有多项技能时，多能工培养可以让本岗位人员的适应性显著加强，生产人员也比较容易进行调整，可以达到发挥团队团队效应，达到最少用人的目的。

作业安定化，包括人员管理、业绩考核、行为及业绩管理。

作业安定化其实是一个结果，通过岗位安定化，技能安定化以及人员管理，最终让作业保持在一个安定化的状态，它需要和业绩考核相挂钩，并通过监控员工行为，提升员工业绩，最终达到作业安定化的结果。

人员安定化管理问题核心就是人的问题。很多企业人员流动性高，技能无法被传承，品质无法保证。在这种情况下更应该加强人员安定化管理，很多人会质疑说我们流动性这么大，还要做这么多管理，是否没有必要呢？

但事实上是因为你没有做这样的管理，才让人的流动性越来越高，所以说他们之间是有一定的影响关系的。

第九章　思维管理之 5W 根因思维工具

如果此时已经按照流动化套路建立了产线的初步规则,也就是建立了一个关于精益的初系统,在运行中发现出现了一些 BUG,这个时候该怎么办呢?

假设一个场景,有一天回到家,发现满地都是水,人们的第一反应是什么?

有很多人的第一反应是拿起拖把或抹布去处理,甚至有人会去找盆,要把家里的水倾倒一些出去。这样是对的吗?

但是也有一些人,他们的做法是先去看看哪里的水龙口忘记关,先去关上,然后再去处理这些杂事。

不要小看这个故事,这是大部分人都没有的一种思维,叫作根因思维。

透出层层的现象,看清到底什么才是真因,这件事非常重要。因为这是一个水龙头,也许水量很小,如果拖得足够快也可以应对,但是人们的工作中可不止这一个水龙头,如果不进行彻底关闭,那么我们就是忙到头发竖起,也是没有尽头的。

作为一个产线的基层管理者承担的任务有多重,在工作里会遇到各种各样的状况。

> 管理者像是一个救火队员要飞来飞去去解决很多状况,忙到休息的时间都没有。但是,这些状况依然会重复发生,一遍又一遍,我们好像掉进了一个黑洞里,一直在重复又重复。

其实，就是根因没有被找到，水龙头没有被关闭的缘故。

当下属送上来的一个报告，总是有一个错误，第一次领导指出了，第二次领导生气了，并训斥他10分钟，严厉要求他改进，然后，出现了第三次。那么继续训斥一个新的10分钟还是让他走人？

这里可以提供一个工具，就是5W。

5W的意思是5次为什么，面对一个问题，我们要连续地问为什么，直到找到水龙头所在之处，也就是根因所在，然后再来关闭它。

所以，当遇到一个抓狂的情景时，把暴跳如雷的"你怎么能……"请换成"这是为什么呢？"

如果觉得这样说还是有批评的意味，那么可以选择更加平和的语气"让我们一起思考下原因是什么？"

当然，一次为什么可能不足以找到原因，也许只能找到水管的位置，接着对于对方回答的可能的原因继续发问，直到5次，在这个过程中，会发现不仅找到了水龙头，管道也被修好了，局部系统通过根因分析是可以重建的。

举一个日常管理中的小例子进行分析。

临近重要会议5分钟，职员按照领导的要求去打印一份资料，公司只有一台打印机，但是它出故障了，资料没有按照时间到领导手上，这是一个重大的工作失误。

如果没有学会根因分析，结果应该是领导把下属训斥一通，但是现在领导再来处理这个事情，是这样的："为什么打印机没法打印呢？"——因为那个打印机没墨了。

"为什么打印机没墨了呢？"——因为前天工程部打印了标书，工作量比较大，也没来得及检查。

"为什么没来得及检查呢？"——因为工程部打印他们没有去做这个记录，检查人员就不会检查。

"为什么工程部人员没有按照要求去记录呢？"——因为工程部人员是新来的。

"为什么新来的人员就不知道打印要如实记录？"——因为我们的培训没有到位，我们的打印记录主要依靠的也是人员自觉记录，其实无法监管，然后我们也没有在打印机那里去明确"使用规则"。

问了 5 次为什么后，我们已经看到了发生这个工作失误的真因到底是什么，找到了它的"水龙头"，并可以依据真因去建立"打印机持续工作"这个小的生态系统，依靠完善的制度和规则可以永久关闭这个"水龙头"。

当然这是一个维度，如果再从另外一个维度分析，比如会议前 5 分钟这个点，再去问问自己 5 个为什么，又有一套会议准备系统问题的根因被发掘出来，比如你的计划执行能力，部门协同机制等等，这些就是另一些小小的系统。

戴明的"94/6"规则说 94% 的问题可能都是由系统造成的，而只有 6% 的问题源于人，5W 就是为我们建立系统和改善系统的基础，也是精益理念的基础。

所以，我们不断地面对问题，并不是单纯为了解决，而是让它不再发生，这样我们的价值才能流动起来。

一旦找到根因，在解决问题的时候，我在此推荐吉卜林的"6 个忠实仆人"工具，在提出 100 年以后，它依然是世界上最有效的问题分析解决工具之一。诗句是："我认识 6 个忠实的仆人，他们教会我所知的一切，他们的名字是何物，何因和何时，以及何地，何法和何人。"这就是我们常说的 5W1H，可以和 5W 配合使用，用于建立解决问题系统。

问题描述：	任何问题都可以，可以是工作的，可以是家庭的，只要觉得它一直在发生就可以试试用5W工具		
1W	问题：	回答：	第一次提问，为什么会发生这样的事
2W	问题：	回答：	你可能得到一个或者两个回答，没关系，顺着另外的一个回答继续问下去，总能找到最后的答案
3W	问题：	回答：	
4W	问题：	回答：	
5W	问题：	回答：	
反思			总结造成结果的原因，深度分析，剖析在这个过程中忽略了什么
行动			要采取怎样一系列的行动去从源头上解决这件事，让它不再发生

第十章 PDCA 工具

PDCA 被称为"戴明环",由著名管理大师戴明采纳宣传获得普及。

PDCA 这个工具是轮转工具里最生动的展示,它虽然是一个质量工具,但是它循环往复的进程和思维是可以帮助所有系统运行起来的,也就是让企业进步产生自驱力。

PDCA 有四个阶段,分别是计划、执行、检查和处理。

说到这里,请读者回想下在企业日常管理的时候,最常使用的其实是两个模块,就是计划和执行。常常我们会决议很多事项,然后检查的时候,大家会根据上次的会议决议回答是不是完成。

到这里,就结束了。

待到下一次会议的时候,议题可能和上次的会议没有什么关系,又是一轮的计划和执行。

看起来就像个半圆,没有圆满地完成这个流程,也就无法在完成的基础上开启另外一个循环,那么其实企业的管理也就无法获得向前的驱动力。如果用图来表示的话,我们的管理一直都在不断地画半圆,无法向前向上滚动,这个过程周而复始。

疾行中　　　　　　　　无法前进

所以，PDCA虽然最初是一个质量管理工具，但是其实它的思维方法是可以用在所有管理工具上的。

当开启一个工具的时候，不是用一下就结束了，在这轮完整结束后就自然会生成下一轮的PDCA，如此往复提升。

所以作为一个核心的精益工具，建议优先学会PDCA，然后再使用接下来的每一个工具时，都记得这个圆环和圆环之间的关联。

很多企业包括个人都有很强的"知识焦虑"，总觉得自己有很大的欠缺，给自己的企业和自己安排很多课程，上课时大家热火朝天，让组织者都产生了"这真是一个有用的培训"这种错觉。

针对培训的工具，我们怎么去组织自己的员工去消化？怎么去使用？怎么保证一轮一轮地使用下去？

后面的几个问题才是培训的要义，而非我们用了大量时间和金钱去投入到培训上，然后结束了。这个过程在PDCA上只完成了一个P和D，是完全开放的一个事情，所以意义是很有限的。

当我们都明白了工具的使用逻辑后，再来具体看看每一个工具的用法。

一般来说，工具最好可以结合价值流分析去作为突破的利器，但是如果价值流分析对于目前的我们来说太复杂，也可以由工具的精进去反向推进价值流的改进，只要目标是对的，视角是高的，方向就不会错。

1. PDCA工具概述

P（Plan）代表计划，其中里面有两重意义，一重是目标的确定，另一重就是计划的制订。

所以在P阶段就要确定目标到底是什么。这个目标最好是可以量化的，然后为了达到这个目标准备怎么干，这些都是P阶段的工作。

D（Do）代表执行，就是具体运作实施，去实现计划中的内容。

C（Check）代表检查，这个步骤是很多企业忽略的部分，它要求作业者去检查和总结计划执行的结果。这个过程并不是简单的完成还是未完成，一般还要再深入一层，分析哪些做对了，哪些做错了，要把分析结果明确出来，并真正找出问题在哪里。

A（Action）代表行动或者处理，经过前面检查的过程，要对总结检查的结果进行处理。对于好的或者说是成功的经验进一步肯定，在验证后可以予以标准化，便于保证未来高效作业。对于失败的教训也好及时总结，以避免重复出现一样的问题。对于没有解决的问题，就可以提交给下一个PDCA循环去解决。

如果都解决得很好，也达到了预期，也要进入下一个循环。比如设定一个提高生产效率的指标，第一次PDCA设置15%，完成以后能不能再提升5%呢？

PDCA的运行逻辑不是运行一次就结束，更不是运行半个或者多半个就完了，而是周而复始进行，让企业产生自驱力。

一个周期运行完毕，解决一些问题，没有解决的问题进入下一个循环。或者定了更高的要求进入下一个循环，这样企业的管理水平才能实现阶梯式上升。

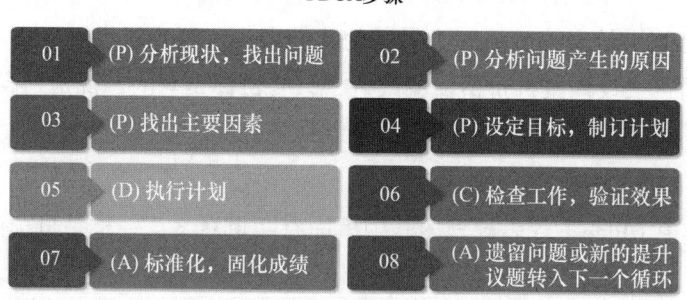

PDCA步骤

2. PDCA 步骤一：(P) 分析现状，找出问题

P 阶段的第一个步骤要对现状进行分析，任何时候"自察"能力都是至关重要的，有发现问题的能力和意识才能进一步解决问题。所以这个阶段最不能用"我觉得"这种语境，最好是在有数据支撑的情况下用数据说明问题。

也可以把大家集结起来，利用头脑风暴等方式确定需要改进的地方，或者是大家一起找到与预期不符的地方，比如价值流割裂的地方等。只要是问题点，都可以把它视为着眼点。

3. PDCA 步骤二：(P) 分析问题产生的原因

要知道不是看到问题就可以马上制订步骤去解决，如果一个问题出现了，分析问题并不透彻，并没有找到"根因"，就随便处理了，那这个问题一定还会重复出现的。

所以第二个步骤就是运用各种如 5W "根因"分析工具，把导致这个问题的原因统统找出来，根据逻辑和流程，找到可能性比较高的原因。

4. PDCA 步骤三：(P) 找出主要因素

造成这个影响的因素往往是多方面的，可能涉及人、方法、仪器、设备、物料环境等多种因素。很多大的因素中又有很多小的因素，我们必须在诸多因素中找到最主要、最核心的因素，然后还是利用 5W 等工具，深挖核心因素的根本。

在这个过程中，要善于区分主因和次因，这个过程是需要大家讨论的。企业不是一个人的企业，这是一个共同体，要让每个人都成为驱动企业进步的小轮，就得让其中每个人都可以转动起来，善用组织的力量，最终这种力量也可以为企业所用。

5. PDCA 步骤四：(P) 设定目标，制订计划

在设定目标的时候，一定要让这个目标是可以衡量的，关键就是目标可定性定量。

当一个目标可以用数量来表示时要尽可能量化，不能用数量

来表示的指标也要尽量明确，起码做到可视化。

目标是用来衡量企业核心管理能力的指标，设定一定要有相应的依据，特别是在有历史数据支撑下制订可行目标是至关重要的，也要通过充分的现状调查和行业内比较。

计划内容如何完成？可以使用5W1H，这个可以将方案的步骤具体化，使方案具备可执行性。

5W1H一般是和5W配合使用的，5W是分析工具，5W1H是执行工具。采用了5W1H制订的计划往往执行性更强。

它包括：为什么制订这个措施（Why）？要达到什么目标（What）？在何处执行（Where）？由谁负责完成（Who）？什么时间完成（When）？如何完成（How）？

笔者经常被管理者问到，我们分析出来问题发生的根本原因，也布置了工作，为什么执行力达不到我们的预期呢？大家执行力为什么那么差呢？

当执行力不好的时候，一定要向上求索，就是企业管理者布置的任务是否明确，在5W1H里，最常被忽略的就是H。作为管理者，你可以给下属设定一个好的目标，但是请为下属完成目标设置通路。

一个好的计划必须具备以上几个要素，同时，一个好计划是决定一个好执行的先决条件。

6. PDCA步骤五：（D）执行计划

在这个阶段，我们要按照既定计划实施。一般来说，执行过程中没有特殊情况是不得改变计划的，如果遇到特殊情况可以考虑及时修改计划内容。

在这个阶段，除了按照计划和方案实施外，还必须要对执行过程进行监测，确保工作能按照计划进度实施。

也就是作为领导者，不能把计划扔下去就等待结果。如果是种地的话，在播下种子后，还有施肥除草浇水等工作，一定要监控整个过程。

此外，这个阶段的数据采集工作也是很重要的，要求执行者同步收集过程的原始记录和数据等项目文档，为下一个阶段的 PDCA 做好准备工作。

7. PDCA 步骤六：（C）检查工作，验证效果

这个阶段，我们要确认实施方案是否达到了目标。检查结果要对照计划中的目标进行，将采取的对策进行确认（就是看计划中那些属于动作层面的事情有没有执行），将采集到的数据进行总结分析，把完成情况和目标值进行比较，看看是否达到了预定目标。

如果没有达到预期结果，首先要确认是不是严格按照计划执行了，这个过程要求团队成员共同进行分析。如果确定按计划进行，就证明对策是失败的，我们需要重新确定方案。

8. PDCA 步骤七：（A）标准化，固化成绩

在经过检查验证这套措施是有效的情况下，就需要用手段来进行固化。那么标准化手段就非常必要了，把好的手段制订成为标准化文件，方便后期的执行和推广。当然在涉及更改标准、程序以及制度时应该慎重，进行详尽评估，甚至要使用多次 PDCA 循环加以验证。

决然不可以把一次循环的结果就直接予以固化，这样会破坏标准的稳定性，对系统造成不可见的一些冲击。

9. PDCA 步骤八：（A）遗留问题或新的提升议题转入下一个循环

我们已经一再强调循坏的重要性。所以，在这个过程中对于方案效果不显著或者实施过程中出现的问题一定要进行总结，让参与者一起讨论，为下一轮的 PDCA 提供支撑和依据，并确保下一轮的开展。

所以，达不到要求的要进入下一轮，达到要求的也要进入下一轮，去提下一个更高的目标。并且这个目标和企业发展的方向和要求是契合的，那么一轮又一轮推进就一定可以帮助企业取得进步。

10. PDCA 运行思路

除了特定问题进入 PDCA，其实一般管理运营中的很多决策都要进入 PDCA 循环。

比如各级部门都有自己的方针目标，然后一层一层目标向下分解，层层循环，形成大环套小环的形态。大环是小环的母体和依据，小环又是大环的分解和保证。

各级部门的小环都围绕着总目标朝着同一方向转动，通过这种循环模式把各项工作有机地联系起来，彼此协同，互相促进。

所以，还是回到企业上升的那个模型上来。

PDCA 循环就是爬楼梯上升式的循环，一个循环运转结束，管理能力就会上一个台阶，然后再制订下一个循环，再运转，再提高。

PDCA 的核心阶段是处理阶段，因为处理阶段就是解决存在的问题，总结经验和吸取教训。这个阶段的重点在于修订标准，包括管理标准和技术标准，如果没有标准化和制度化，PDCA 无法循环向前移动。

PDCA 工具表

阶段	要求	行动
P	制订一个目标或者根据现有的流程进行认真分析，以问题作为目标	
	根据问题分析原因（头脑风暴）	
	找出主要原因之"根因"（5W）	
	找出解决问题的方法	
	制订目标及计划，能达到预期的可执行计划	

续表

阶段	要求	行动
D	按照计划实施，注意过程监控环节	
C	检查工作，验证效果，对效果进行评价	
A	成功经验标准化	
	不成功或者新的目标设定，进入下一个循环	

第十一章 TPM 工具

以装配式建筑行业为例，它从建筑行业来到工厂里，最大的变化就是原来的区域施工成为大规模制造，很多产品都经由一条全自动生产线生产出来，由人参与直接生产的部分是很少的，那么设备管理就顺势成为装配式建筑行业非常重要的管理项目。

一条流水线上，一个设备的故障和损坏将影响整个企业的生产及交付。所以 TPM 对制造业来说是至关重要的。

1. TPM 概论

TPM 是 Total、Productive、Maintenance 的英文缩写，意思就是由全员参与的生产维护活动，它的核心是提高设备的效率、人的效率等。

通俗点就是设备不坏、人人素质高。

设备一般有两种故障形态，一种是功能停止型故障，就是设备功能突发性的完全丧失，设备不能运行或者生产的产品全部都是不良品。一种是功能下降型故障，就是设备可以运行，但是会出现类似速度下降、瞬间停止的问题，最终使设备完全丧失功能。

但是设备不是一日之内就突然坏掉，所以设备的明显缺陷都是由微小缺陷发展为中缺陷再发展为大缺陷的。在一个大缺陷之前，造成此缺陷的潜在缺陷有 300 多个，没有引起足够的重视，最终造成一次重大故障停机。

所以,小病不治,终成大病。

有一个关于扁鹊的故事,根据典记,魏文王曾求教于名医扁鹊:"你们家兄弟三人,都精于医术,谁是医术最好的呢?"扁鹊:"大哥最好,二哥差些,我是三人中最差的一个。"魏王不解地说:"请你介绍得详细些。"

扁鹊解释说:"大哥治病,是在病情发作之前,那时候病人自己还不觉得有病,但大哥就下药铲除了病根,使他的医术难以被人认可,所以没有名气,只是在我们家中被推崇备至。我的二哥治病,是在病初起之时,症状尚不十分明显,病人也没有觉得痛苦,二哥就能药到病除,使乡里人都认为二哥只是治小病很灵。我治病,都是在病情十分严重之时,病人痛苦万分,病人家属心急如焚。此时,他们看到我在经脉上穿刺,用针放血,或在患处敷以毒药以毒攻毒,或动大手术直指病灶,使重病人病情得到缓解或很快治愈,所以我名闻天下。"魏王大悟。

所以扁鹊大哥就是微缺陷的终结者,其二哥是中缺陷的终结

者,而扁鹊就是大修专家。设备 TPM 的核心就是努力把设备故障终结在微缺陷阶段,进而保证设备"零故障"。

那怎么保证呢?

> 其实,设备故障 70% 以上都来自润滑和清扫不良。

润滑和清扫就和人相关了,因为这个动作不是设备可以自己完成的。

> 所以设备"零故障"的思路是设备故障是人为的,改变人的思考方式和行动就能实现设备零故障,只要让维护者做好该做的事情,设备故障率就能大幅降低。

2. 自主保全

自主保全就是"自己的设备自己维护",通过清扫、日常点检等让异常问题在早期发现或者将微小缺陷消除在萌芽状态,以确保后期不产生比较大的设备问题。

以现在装配式建筑工厂的规模,如果设备管理完全依托设备专业管理人员,其实是非常艰难的。现在企业的设备管理大都处在事后维修阶段,也就是用的时候一直用,什么时候坏了什么时候修,很少有企业具备"事前"意识。

设备管理有一个著名的浴盆曲线,一共有三个阶段。

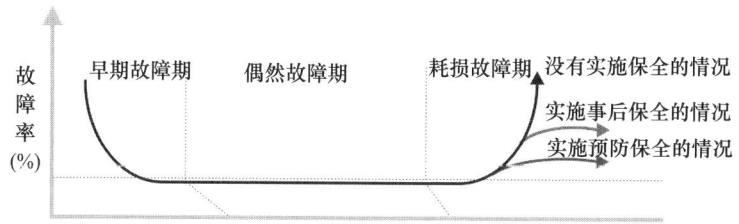

第一阶段是早期故障期，是新设备或大修设备安装调试到移交生产使用的阶段。这个阶段由于设备设计中的一些问题以及人员操作原因，一般会有较高的故障率，随着调试的进行和人员熟练度提高，故障率会逐渐下行，就像浴盆的边沿。

第二个阶段就是偶然故障期，可以说这个时期设备是非常稳定的，偶尔出现故障是因为设备维护不当、使用不当等造成的。

第三个阶段就是损耗故障期，这一阶段故障率会比较高。如果我们的设备管理没有在相应阶段采取合理的方法，那么谁都无法走出浴盆曲线，在第三个阶段的时候，会被设备故障问题搞到焦头烂额。

自主保全就是不再借助有限专业设备管理人员的力量，让员工像爱护身体一样爱护设备。如果人的身体需要锻炼、养生和检查才能长寿，设备则需要清扫、保养及维护才可以长寿。

（1）初期清扫

5S从来不是单纯为了打扫卫生而出现的，这里要讲一粒灰尘的故事，这是一个关于灰尘蝴蝶效应的传说。

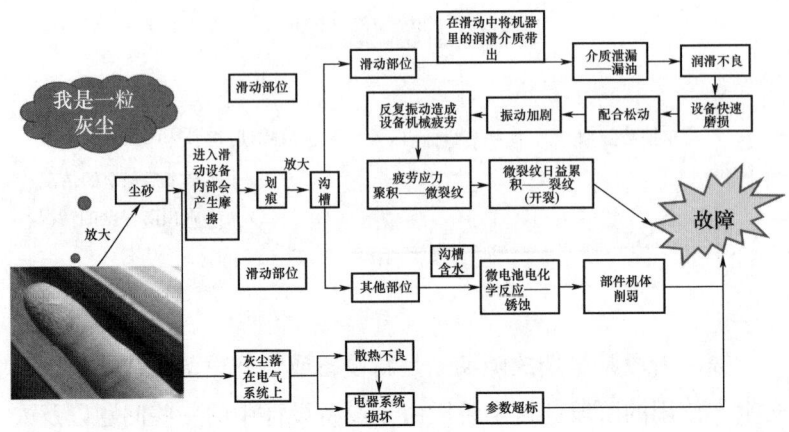

一粒小小的灰尘经过持之以恒的努力,最终造成了设备故障。

只是在初期清扫之前,我们要制订一套计划,去给大家讲一些清扫注意的事项,制作一些专用的清扫工具,了解危险因素,确定现场谁是负责人,学习设备的结构等,绝不能大家一拥而上,还是要遵循PDCA的逻辑行动。

清扫部位	清扫内容
机械主体清扫	是否黏附有灰尘、垃圾、油污、切屑、异物等; 螺栓(螺母)是否松动(脱落); 滑移部及模具安装部是否有松动
附属设备清扫	是否黏附灰尘、垃圾、油污、切屑、异物等; 螺栓(螺母)等是否松动、脱落; 螺线管或电动机是否有呜呜声
润滑状况	润滑器、注油杯或给油设备等是否黏附灰尘、垃圾、油污等; 油量是否合适; 给油是否方便

续表

清扫部位	清扫内容
设备外围清扫	给油装置否漏油； 工具等是否定置管理； 各铭牌、标牌是否清洁、便于识别； 机器四周是否有灰尘、垃圾或油污等

初期清扫就是要和设备的"微缺陷"做斗争，把所有微缺陷终结在萌芽状态。这样我们的设备就不会生大的病，在清扫的过程中也要同步完成诊断，一些小毛病顺便就给它治好了。

说起微缺陷，大家难免会觉得有些陌生，总觉得这是一个太官方的词汇。那怎么理解微缺陷呢？就是那些让我们不舒服的地方、别扭的地方。

当这个发现的点让人感觉不妥当、不必要的、怪怪的、不划算、好像要故障了、好麻烦、好累、应该有更好的方法、别人都不用这样做、为什么没有做、故障、瑕疵、缺点、损伤、肮脏、浪费、不整齐、不好做、不正常等，这些都可以叫作微缺陷点、不正常点。

常见的微缺陷有发热、位移、杂音、摇晃、烧焦、油污、歪斜、泄漏、震动、缺件、破损变形、螺丝松动、灰尘、异味、飞散、发热等。

从微缺陷的层次来说，主要有设备零部件的缺陷，发生源及困难源。

设备零部件微缺陷包括松动、脱落、扭曲、磨损、故障以及一般劣化。发生源就是脏污、振动和冲击、杂音、异味、发热等。困难源包括点检困难、加油困难和清扫困难等。

初期清扫就是把能打扫的打扫了,能扔掉的扔掉,能解决的初期问题解决了,发现的解决不了的问题记录在案,跟进解决。

我们可以按照部门或者组织一个临时设立小组去组织这个活动,在给相关成员进行必要工具培训讲解后,在专业设备人员的督导之下进行。

活动流程:

①每组带"要与不要物品一览表""微小缺陷记录表""污染源清单""困难源清单"各三份去现场。

②小组成员共同观察本组示范机台及工作区域内的物品,将小组成员认为不需要的物品贴上"红牌",并填写"要与不要物品一览表"。

红牌作战

NO.				
部品名称				
所属部门				
存在状态	必要	不必要	不良	不明
处置方法	现场放置	移出保管	送还	扔掉
粘贴日期				
处置日期				

注:在"存在状态"所选择的项目下面打"√";在"处置方法"所选择的项目下面填写"处置的场所"。

要与不要物品一览表

NO	品名	规格	位置	数量	要与不要确认						要品使用频率		
					班长		设备员		科长		很少	偶尔	经常
					要	不要	要	不要	要	不要			
1													
2													
3													
4													
5													
6													
7													
8													

③同时记录所发现的微缺陷点、污染源、困难源，填写"微小缺陷记录表""污染源清单""困难源清单"。

④找出清扫本组示范机台的工具，并拍照，同时按照清扫要求进行清扫。

⑤对本组示范机台拍照，一张机台全貌照片，几张体现红牌作战的照片。

⑥完成任务后，返回会议室。

⑦组长汇总出本组的以上四个表单，各一份。

⑧准备分组发表。

微小缺陷记录表

项目	微小缺陷发现				微小缺陷解决				重点跟踪项目
	设备名称/编号	缺陷内容	发现日期	发现者	实施部门	解决内容	实施日期	实施者	
1									
2									
3									
4									
5									
6									
7									

特别需要注意的是要按企业要求佩戴安全帽、护镜、防毒面罩等劳保护具，事先确认本次活动的安全注意事项，不能把清扫活动变成一个安全事故。

要格外注意清扫工具的提前设计和使用，不能让清扫工具成为造成设备微缺陷的原因，要彻底清扫设备多年来积攒的污泥。

可以打开从来没有受到重视的挡板和盖子，对设备里里外外彻底清扫，如果有必要，还需要对设备进行拆解清扫，并且不仅仅是设备主体，它的辅助设备、控制箱等附带设备也要进行清扫。

进行清扫前的安全点检，可以使用下面这个表格。

点检项目	是否确认	点检项目	是否确认
张贴"TPM"清扫中安全标牌		关闭主电源开关	
关闭主动力阀门		穿戴防护用品	
整理设备周边		设备人员督导	

3. 有效设备点检

很多公司的设备点检表基本形同虚设，都是"有表有勾"。其实很多操作人员对于设备点检的内容都不是很熟悉，只是设备点检表填写是必须的工作，其实，设备点检表上的规定内容是无法被点检的。比如，每两小时检查设备某部件这样的点检项目，只是需要当日早晨画一个对勾，这样的点检就是无效的。

设备点检需要使用人的四感，用眼睛看、用耳朵听、用手触摸、用鼻子闻。

四感	具体项目
视觉	螺栓是否松动，液压、气压是否正常，油位、油温是否正常，管线是否有破损，减速箱是否漏油
听觉（机械设备的异常响声）	电机减速机是否有异响，轨道运行是否有异响，轴承运转是否有异响
触觉（高温或振动）	电机是否有异常振动，表面温度是否异常升高，电缆电线表面是否松动，精密设备表面是否油污严重
嗅觉	电机减速机是否有异味，皮带是否有异味（焦味），电器元件是否有焦味

对于设备点的内容，可以按照模块进行配置使用，因为对于某一类模块的设备点检，要求是相同的，这样就可以配置出"有用"且"能用"的设备点检表。

模块化内容点检表

点检大项	点检细项	点检内容
螺丝螺帽	紧固状态	没有松动或脱落
润滑	加油口	1. 是否保持干净； 2. 油种与油量标识
润滑	油量计	1. 是否正常运转； 2. 给油量是否恰当； 3. 否有泄漏，弯曲
润滑	自动润滑装置	1. 容易确认油量； 2. 是否相应油面标示； 3. 是否漏油堵塞
润滑	润滑状态	1. 旋转部、传动部清洁且有油； 2. 供油是否给周边造成污染
驱动	皮带与皮带轮	1. 皮带是否爆裂、膨胀、磨损； 2. 皮带是否被拉长及缠绕； 3. 皮带张力是否一致
驱动	链条	1. 有没有被磨损、掉落、疵点； 2. 链条是否被拉长； 3. 润滑是否充分
驱动	轴、轴承、联轴器	1. 是否有松动、缺油、振动、杂音； 2. 润滑是否适当； 3. 联轴器对中是否准确，是否有松动
驱动	齿轮	1. 齿轮是否有磨损、瑕疵点、杂音； 2. 润滑是否适当
空压	过滤器、油壶、调节器	1. 始终都干净，设置方向是否正确； 2. 油的滴入量是否适当（约5秒1滴）； 3. 是否缺油
空压	空压器件	1. 气缸或电子阀门有没有空气泄漏，是否牢固固定； 2. 是否用铁丝、绳、胶带做临时性措施； 3. 气压是否有污染、疵点、磨损

续表

点检大项	点检细项	点检内容
空压	排管、软管	1. 是否牢固固定； 2. 是否有开闭标示
油压	油压单元	1. 油量标示，油温是否恰当； 2. 加油口是否清洁，油路是否畅通； 3. 油泵是否有异响或振动
	热交换器	1. 油冷或水冷排管是否有泄漏； 2. 漏出入口的温度差是否恰当
	油压机器	1. 有无油泄漏； 2. 油压是否恰当； 3. 油缸的缓冲是否正常
	排管、软管	1. 有无油泄漏； 2. 是否有开闭标示
电器	控制面板	1. 电流表、电压表是否有正常范围标示； 2. 开关类有无损坏，动作是否正常； 3. 内部的整理，整顿，清扫是否良好
	电子器械	1. 电动机是否有发热、异响、振动等； 2. 电动机盖子与排热扇是否干净； 3. 固定螺丝状态是否正确
	传感器	1. 限制器开关是否干净及牢固； 2. 开关内部是否清洁，读取线是否松动； 3. 限制器开关的安装方法是否正确
	排管、排线	1. 有无油泄漏； 2. 是否有开闭标示

我们可以依照模块化内容去设定自己公司的设备点检表，并且把点检内容按照时间以及不同内容分开，严格按照5W1H来设定，比如什么点检只能由我们的设备管理人员进行。

设备名称	部位代号	部位	项目序号	点检项目	方法	判断标准	设备状态 开机/停机	周期 班/天/周/月/季/年	担当 自主/专业机/专业电	点检料目	点检时间(秒)
与"基准书"相同(TR保养方式)			每一部位之对应点检项目编/序号(作业线路一同考虑)		看听模闻、工具	可具体对照执行判断	何状态下可实施点检	具体执行的频度特定周期的可注明	自主 专业机 专业电 其他	科目关联便于学习掌握要点	执行点检作业时间量化管理

在已有完备清扫程序情况下，可以制作一台点检清扫车，员工在每天清扫日常中即可完成点检，我们可以设置固定的清扫点检线路，标定员工工作或者站立地点，并明示在这里需要完成的具体工作。

在清扫点检过程中，发现任何问题，记入问题清单进行及时反馈处理，这样在专业保全之前，我们也可以很大程度上帮助设备"零故障"。

第十二章　TWI-JI 工作指导

有的主管总会问到一个问题,为什么我们的员工总是犯重复的错误,明明上次都告诉他了。

"员工没有掌握,是指导者没有教好。"

很多公司有一些自己技术特别好的员工,在本岗位上的表现可以说是"无可挑剔",公司对于优秀的员工当然是希望他能有更好的发展,但是一旦把他放在领导者的位置上时,就会出现很多问题。

有一些人无法胜任管理者这个岗位时,自己会主动要求回到原岗位,说还是自己一个人清清静静地干自己的活比较舒心。

会干和会管是两回事,会干和教会别人干也是两回事。

TWI-JI 是在 1950 年被导入日本并迅速普及的,它通过 10 个小时的基础训练,让主管具备"教授"的能力,它的核心就是授人以渔。

这个套路打法像极了我国的武术,每一招每一式明晰透彻,但是就是需要你按照套路一步一步做扎实再进入下一个环节,不能跨越,不能随意组合。

所以每一步,我也为大家准备了套路工具,边学边练,慢慢体会。

学习任何一个技能,都有六个原则。

第一个法则是练习。比如游泳,即便能倒背教练的话,只要学习者没有跳到游泳池里,不去自己亲身练习,是无法学会游泳的。看书或者学习也是一样的,这本书里的工具如果只是看看而已,永远都学不会,甚至看书的时间都成为了浪费。

第二个法则是最初检验。我们一生会经历很多的老师,但是往往小学的第一位老师是留下最深刻印象的,所以学习往往是最初所学领悟最为深刻,所以我们在学习后的训练以及跟踪时要对最初的状况密切关注。

第三个法则是印象强度。技能越是重复,使用起来越可以得心应手。就像开车,刚开始往往高度集中注意力,还会做很多的路况预判。开的时间长了,次数多了,通过感觉就可以开了。

第四个法则是紧跟法则。学了之后,保证马上就练,中间间隔的时间越短越好。相反,如果是学了不用,很快就会忘记了。

第五个法则是效果法则。技能如果应用并取得效果,就能够激发起新的学习技能的更大兴趣。

第六个是不使用法则。技能如果是长期不使用,就会慢慢丧失。

所以,好的培训方式是边学边练边出效果。

有很多很好的培训师,他们的讲课非常精彩,我们常常在听课的时候生出很多的共鸣,觉得老师讲得太好了!但是,课一旦上完,如果无法把课上吸收的知识实际去演练,那过不了多久,这节课对你的影响就微乎其微,如果放到生命的长河里再看你上课的这个行为,可能会归于浪费。

所以,接下来每一个阶段要做的事情,请务必践行,边学边做边思考边改进。

TWI四阶段

第1阶段:学习准备	第2阶段:传授工作	第3阶段:尝试练习	第4阶段:检验成效
1.使学习者轻松愉快 2.告诉他将做何工作 3.了解他(们)对这项工作的认识程度 4.激发他(们)学习这项工作的兴趣 5.使他进入正确的学习位置	1.将主要步骤讲给他听,做给他看 2.明确强调要点 3.清楚完整阐指导,说明要点的理由 4.注意不要超出他的理解能力	1.让他试做纠正错误 2.让他做边说出主要步骤 3.让他边做边说出要点 4.让他说明要点的理由,并确认他已经完全掌握	1.安排他具体开始工作 2.指定可以帮助他的人 3.经常不断地检查 4.鼓励他提出问题 5.逐渐减少指导的次数

1. 第1阶段——学习准备

在进行指导之前要做一些学习准备的工作,笔者再强调一下,现在读者看到的任何步骤都不可以跳过。很多人会想,做什么准备,自己会的技能早就刻在灵魂里了,直接传授就好了。这就是为什么技能传授不好的原因了。

如果大家还是抱有怀疑的态度,那么请做一次尝试,看看结果会有什么不同。

(1)使学习者轻松愉快

这个是最容易被施教者忽视的一点,很多可以当"师傅"的人一般都是自带七分威严的,那么当你站在一群"战战兢兢"的学员面前,他们会不自觉得紧张,连动作都会僵硬。

我们看电视上滑雪比赛的时候,最多的听到的就是"放松",希望选手们放松才能发挥出水平。

所以如果要得到一个比较好的培训结果,首先就是让学员快乐并放松起来。在相对严肃的工作场合我们可以采用"拉家常"的方式,和大家尽量用语气温和的话语交流,面带微笑,这些都可以让学员放松下来。

当然,如果学习的人员过于散漫,那么就要想办法让他们认真严肃,要采用不同的对应方式。

(2)告诉他(们)将做何工作

很多培训者一上来就说"我给大家演示一下",然后自顾自地操作了十几分钟,底下的学员脑子一片空白,就呆呆看着培训者的演示。

培训者必须在最开始就明确告知受训人员学习的内容,做这个学习的意义,可以的话要展示培训的全貌(包括实物演示)给学员,消除学员的紧张。人在面对"未知"时是最紧张的,我们要消除这种"未知"感。

(3)了解他(们)对这项工作的认识程度

可以用很短时间了解下学习者已经知道的东西,否则当讲了很久后，学习者反馈说"上次都学过了"，那么就会造成浪费。相反，他不知道的东西你以为他懂，就可能把"无知"带到工作中，造成安全隐患。

（4）激发他（们）学习这项工作的兴趣

"兴趣"是最好的老师，兴趣也是热爱的前提。

那些取得成就的人，大都因兴趣而热爱，因热爱而坚持，因坚持而富有成就。

如果学习者学习任何东西，在他认为这是一项任务和必须完成的工作，不带有任何兴趣的情况下，无论指导者怎么演示，他都可能听而不闻，视而不见。

所以，要想办法把"兴趣"带到指导中，告诉学习者学会这个工作的重要性，然后激发出他的学习兴趣。

（5）使他（们）进入正确的学习位置

所谓正确的学习位置，是以学习者为中心。

要考虑使学习者不会漏看，容易看清，没有危险，不会误解，不给周围的人添麻烦等一些因素的位置，而且还要考虑到指导者容易指导，这些就是正确的学习位置。

所以在挑选学习位置的时候，为了让学习者真正感受到作业的真实性，请他站到指导者的侧后方是一个比较不错的选择，因为这个位置，它可以深切地感受到真实的作业要求。

2. 第2阶段——传授工作

因为学习者没有足够的能力去进行我们要求的工作，所以才需要进行指导，首先要从工作说明开始进行。

（1）将主要步骤一步一步地讲给他（们）听，做给他（们）看

在这一步，我们的指导者要通过动作及语言对作业的主要程序进行说明。也就是说要边做边讲。指导者需要按照顺序准确简明地一步一步地讲给学习者听，这样他就很容易记住了。

有的指导者习惯于自己默默地做，做完了问旁边的学习者记

住了吗,其实这样对于学习者来说是非常模糊的。

所以一步一步有3个要点:一是一时一事;二是清楚地对程序进行划分;三是按照正确的顺序。这3个条件缺一不可。

(2)明确强调要点

我们需要反复强调在重要步骤中关系此作业成败、人身安全、作业容易等关键之处。一定在这个过程中反复强调。

(3)清楚完整耐心地指导,说明要点的理由

我们要向学习者讲作业的主要步骤,强调主要步骤的要点,同时也要耐心地说出要点的理由。

当把这3点都完整地告诉学习者的时候。才能保证学习者一次就能学对一次就能学会。所以说很多情况之下,我们常常忽略这3个重点工作,让最后的结果差强人意。

(4)注意不要超出他(们)的理解能力

要用学习者听得懂的语言去讲这些要点。不要在传授过程中用一些特别专业的词汇,或者让学习者感觉非常生疏的词汇去讲述。

所以察言观色在这个过程中就异常重要了。我们需要通过观察学习者的神态和动作来判断他是否真的听得懂,是否真的听得懂就决定着他是否将来自己会真的去操作。

3. 第3阶段——尝试练习

行胜于言。就像游泳一样,如果想学游泳真的不去下水,就永远也学不会游泳。所以说在我们做好必要的示范和讲解以后,现在需要让我们的学习者去动手,尝试练习,去深刻地理解练习的要点和步骤。

(1)让他(们)试做纠正错误

让学习者按照我们的要求去试做,如果发现了错误的地方或者不规范的地方,马上纠正。不要让他开始就养成不对的习惯。

(2)让他(们)边做边说出主要步骤

要求学习者一边作业,一边说出主要的步骤。在这个过程中,

他可以再次确认自己的作业步骤，并且可以牢记。

（3）让他（们）边做边说出要点

在他说出步骤的同时，也要求他同步说出作业的要点。如果他不把要点说出来，就很难让他从思想上意识到这步是非常重要的。

（4）让他说明要点的理由，并确认他（们）已经完全掌握

指导者要确认作业者完全理解了为止。

也就是在这个阶段，确认他是否能够完全做到，或者说出几个重要事项。比如动作正确，正确清楚地说明主要步骤，完整地说出要点，耐心地说明要点的理由。在这四个内容里，每一项都是至关重要的。

4. 第4阶段——检验成效

我们对于学习者的要求不是教完了就结束了，而是要继续帮助他跟踪指导，直到他能够独立完成作业为止。所以第4阶段，检验成效阶段是非常重要的。

（1）安排他（们）具体开始工作

如果通过前三个阶段的确认，发现学习者已经完全理解了这项工作，那么现在开始就可以单独给他安排非常明确的具体工作。这样也可以摆脱学习者的依赖心理，同时培养他的责任感。

（2）指定可以帮助他（们）的人

有的学习者，他的性格是比较内向的。所以在他遇到问题的时候，也许因为自己面子，不会愿意向你寻求帮助。那我们要给他们指定可以询问的人，这样他就不会犹豫不知道问谁或者不好意思而不去问了。指定的人，他的指导方法一定是与我们示范的做法是完全一致的。这样学习者就不会陷入"怎么不一样"的困境。

（3）经常不断地检查

在学习者初入工作的时候一定会遇到突然忘记，手忙脚乱等情况，出错是难以避免的。所以我们的指导者一定要有跟踪检查

的机制，在更多的不良品被生产出来之前帮助他找到解决问题的方法。一定要在养成错误的习惯之前就予以纠正，防止出现更大批量的错误。

（4）鼓励他（们）提出问题

学习者忘记了学过的东西，或者有新问题的时候，害怕指导者批评或者不想让人知道自己的不足，是不会轻易提问的。所以说我们一定要营造一种不责怪的利于提问的氛围，使他们更容易提出自己的问题。

（5）逐渐减少指导的次数

随着我们的学习者熟练程度不断提高，我们要慢慢减少指导的次数或者简化指导的内容。这样也可以让学习者树立他们独立意识，不用浪费时间就可以达到目的。

最后要指导学习者能够完全独立的工作为止。按照TWI4阶段去实施是肯定可以让我们帮学习者学会工作的。所以，要牢记"员工没有掌握，是指导者没有教好"。

第十三章　快速换模

快速换模简称 SMED，顾名思义就是减少生产线上，因更换产品种类而必须停止设备或者生产所花的时间，并使设备或产生产线能尽快生产出下一产品的一种有效的方式。

快速换模方法层层递进，且除了换模这个作业外，其实很多作业都可以使用，包括在日常的生活中都可以借鉴这种方式，达到节省时间的功效。

快速换模最初起源于日本。一位协助建立丰田生产系统的改善专家，帮助丰田公司将 1000 吨冲床的换模时间由 4 个小时降低到 3 分钟，然后形成了最初的 SMED 方法论。

快速换模有很多好处，它可以通过减少换线工作损失来提高产能，并且帮助生产线提高生产弹性。

简单来说，如果切换一个模具要好几个小时甚至更长时间，设备这段时间是不产生任何价值的，那么就是浪费了。

和 TWI 一样，如果觉得切换模具的时间过长，比如生产一小时，切换两小时这种情况，请按照以下步骤一步步完成。

顺序是很重要的课题，它决定着你是否能使这件事情科学地达到预期。

1. 切换内容调查

我们现在需要先弄清两个词汇,一个是内部操作,一个是外部操作。

内部操作就是必须在机器停车时才可以进行的操作。外部操作是可以在设备运转时进行的操作。

> 需要强调的是,其实很多操作是可以在设备运行时进行的,但实际上却是在停机时进行的。

很多作业人员在操作换模的时候,会首先把 A 机器停下来,然后再去操作具体换模工作,他想:"反正要换,不停下来怎么换"。

现在要开始做一个清单,把每一步都详细地记下来,做一个判断。这个事情是必须机器停下来才可以进行的还是机器不停我们也能进行的,这个判断就是在分辨这个作业属于内部还是外部作业。

其实在做这个清单的过程中,一定发现了什么。别着急,先如实记录,我们当然知道很多工作你都是在机器停止时进行的,现在都属于内部作业。

这个过程是要完成如实记录,记录了就可以。

序号	动作说明	内部作业	外部作业	调试机器	时间(分钟)
1	清理模台上的物料	V			20

2. 将内部切换转换成外部切换作业

在清单完成后,就转入了第二个步骤,将部分内部作业转化为外部作业。

其实在做清单的时候,已经意识到了,很多工作不是非得在机器停止时进行。把机器运行时可以进行的工作和必须停机才能做的工作分开,就有了内部转外部的基础。

我们来分析所有的作业过程,如果比较难判断的话,可以用5W1H的方式进行分析和判断。

我们为什么要进行这个操作?——这个操作是有必要的吗?

在什么地方进行操作?——这个属于内部还是外部作业?

什么时间进行操作?——操作的具体次序是什么?

谁来进行这个操作?——我们对这个(几个)人的技能要求是什么?

需要什么资源?——需要什么工具和模块?

怎样进行操作?——有没有更简单更好的操作方式?

在进行细致分析后,把上面做过区分的内外部作业表进行一个更新,有一些作业就可以直接转化为外部作业了。

比如停机以后才把工具拿到机器旁边,这个作业就相当于做手术麻醉患者后躺在手术台上的时候才去拿做手术的刀子一样,这种让机器来等的状况是不应该出现的。

这一步,把可以外部作业的动作全部从内部作业中剥离出来。做到这步,我们的换模时间已经大大缩短了。

3. 内部切换作业缩短改善

现在,可以聚焦于内部作业本身了,必须停机时进行的工作怎么进行缩短呢？

在拆装模具的时候发现工具是坏的，同样相当于手术过程中发现要使用的一把刀是坏的。或者在安装好一个模块后才发现这个模块是有缺陷的，需要重新寻找新的模块并拆装旧的。

所有这些，就是内部作业里需要改善的着眼点。

内部作业改善可以聚焦两个方面，一是工具方面的改善，一个是作业方法的改善。

在电视剧里常常看到的桥段，一个小白获得了一本武功秘籍，他努力练习了以后武功大涨，然后机缘巧合之下获得了失传已久的某某剑，然后成为了武林霸主。所以，修炼本身的能力和使用的工具就是厉害的必备法门了。

在工具治具的改善方面，首先可以实施模具固定的标准化，开发和利用一些有效率的锁具。通过利用标准化的相关治具夹具，达到让工具改善的目标。

作业方法的改善方面可以进行并行作业，也就是要2人以上合作进行换模作业，去尽量减少在内部的作业时间。比如原来换一个模具需要一个人，他一个人完成外部准备及内部切换作业，那现在如果用两人的话，就可以同步进行作业。并且通过进一步强化换模的训练程度，将改善后的换模作业更加标准化和简约化。

我们可以通过给模具铺设滚轮轨道，减去搬上搬下的作业动作，让模具平稳移动到机器下或者机器上。对于有大量螺钉拧上拧下的作业，则可以在不干预的位置将小型铁棒焊接在螺钉上，达到一体化的状态。在更换模具之前，就将准备更换的模具放置在特制的换模台车上，通过滚轮及其他设施进行方便换模。

4. 调整作业缩短改善

调整作业就是指模具安装完成到第一个合格产品产出，也可以称为模具调试作业。

模具调整作业时间主要指的是在生产不同的产品时会产生不

同的性能参数要求,如时间、温度、体积、质量等等。为了实现这些需求,对设备仪器模具等进行调试必须要花费一些调试时间。

缩短调试时间,首先可以从可视化角度入手。比如进行特定值或者参照线的标注,包括以固定的数字刻度或者标尺进行标记。

比如要完成一个模具定位工作,可能需要把模具的某些特殊位置与机器的某些特殊位置做一个对应性配合,如果提前在特殊位置进行刻度标注,那么定位过程就会相对迅速。

这也是一个目视化的典型使用案例。在需要对仪表等进行特殊数值的关注时,可以直接把标注做在仪表盘上,方便作业者马上识别是否超出预设值。

有的换模作业需要调整脱模行程的行程开关,这种行程开关可能有很多,而且分布在不同的位置,那么我们可以重新设置行程开关位置,方便作业者迅速作业,减少寻找过程时间。

所有的调整作业,都可以通过5W1H分析后,召集相关人员进行讨论,哪怕只有一点点进步,以PDCA的模式去执行,然后循环下去,调整时间就会越来越短。

5. 外部切换作业缩短改善

缩短外部准备作业时间,主要通过消除寻找动作,消除搬运动作以及作业顺序明确化3种手段。

消除寻找主要通过5S手段来实现。整理环节是通过丢弃不要的用品,包括模具、治具、夹具等等来进行。当现场非常混乱的时候,很多已经报废的东西还在现场,会对我们寻找有用的东西造成一些困扰。

整理完毕以后,可以进入整顿环节。通过在放置的地方进行条目标识和张贴，包括模具治具夹具也要进行条目粘贴和登记管理，可保证在第一时间找到需要的东西。

并且要常态化对放置区域进行清扫和清洁工作，让寻找工作消除得更加彻底。

消除搬运主要通过常用的物品靠近生产线来实现。比如经常使用的工具治具等，是否能为设计专用的工作台，让在生产线附近固定的地方放置，这样在生产需要的时候就不需要进行长距离搬运作业。

作业顺序明确化是需要作业指导书的，要综合结合模具、治具、夹具的作业标准形成最为科学的作业模式。

总之，要以缩短切换时间为前提，建立换模的作业法则，作业顺序步骤，作业要领，文件作业标准工时等换模标准化一系列文件。

快速换模工作步骤表

项目	步骤	完成情况
对切换作业进行分析	1. 组织现场观察并写下所有切换步骤； 2. 记录动作时间； 3. 区分内部和外部作业	
研讨外部与内部作业	1. 讨论作业的有效性； 2. 讨论作业的顺序； 3. 讨论作业的分配	
将内部时间变为外部时间	1. 成套安装方式； 2. 排除调整时间； 3. 使用特殊工具或工装	
缩短内部时间	1. 改进固定方法； 2. 实施并行作业方式； 3. 确定合适的人员及作业方式	
缩短外部时间	1. 消除等待时间； 2. 消除搬运时间	

第十四章　ECRS 改善法

ECRS 是一个精益经典的改善手法，适用范围广泛。它是四个英文单词的首字母，分别代表取消（Eliminate），合并（Combine），重排（Rearrange）和简化（Simplify）。

E 要首先想到这个工作为什么要干？能否不干？即便是我们日常生活工作中也会常常有很多耗费非常多精力其实并没有意义的事情，要从 E 的角度去考量。

在 ECRS 中，最高级的改善就是取消，如果是在生产作业环节，取消的每一个环节最终都会指向生产效率，因为在线的浪费会直接影响产品的加工时间。

C 代表合并，如果工作不能取消，则考虑是否应与其他工作合并？这种思维是取消不能执行的情况下产生的。

合并的工作也许是两个人都在做，那么能否合并为一个人做。如果在作业分析表里看到很多环节都有人去拿东西的过程，那么，可否由一个人完成很多人离岗拿东西的过程？

每一个单词都是以大家动起来为目标，后面隐含着对大家智慧潜力的挖掘，想后一定要去实践，去验证。

R 是对工作的顺序进行重新排列，通过重新排列让整个工作时间缩短。

在对整个生产过程以作业观察的方式进行如实记录的时候，其实就可发现很多存在的问题。就和孩童时期玩过的排列游戏一样，你可以通过把它们的顺序进行重新排列以此大幅降低总的作业时间。

S指工作内容、步骤和动作的简化，让产品的加工时间缩短。

简化是以始为终，以终为始的循环，做到了一定程度的简化，哪怕是一个动作的取消，只要达到了作业要求就去推行。然后继续去观察还有没有可以简化的点，再去取消一个步骤，固化下来持续再去精简。

说到精益，我们应该相信"时间的力量"，坚持什么，必定收获什么，请在ECRS的路上，继续吧。

1. 取消（Eliminate）

在ECRS里，最好的改善就是取消，因为取消对流程改善的效果最好，同时又最省钱。

那么哪些是可以取消的呢？我们有一个大的原则就是，如果所研究的工序、操作可以取消同时又不影响成品、半成品的质量和组装进度，那么就要考虑取消。

所以，我们要再把作业观察表拿出来，对每一个工序，动作进行逐项分析。一些不必要的工序、搬运、检验、来回的行走等，都应予以取消。请一定特别注意那些工作量大的搬运和装配作业，如果不能全部取消，可考虑部分取消。

你可以在这个环节和现场的管理者和作业者一起拿着之前汇总的作业观察表，然后大家一起脑力激荡，这个活动可以定一个主题，做得趣味十足又有实践意义。

从心理学的角度来说，大家都会优先对自己的智慧成果进行践行，因为这本身就是一个自我肯定的过程。并且不仅仅是取消，整个ECRS可以和团队一起来进行共创活动。

那取消的具体原则包括哪些呢？

取消所有不必要的闲置环节，取消所有多余的操作或动作（包括身体、四肢、手和眼的动作）：一次转身，一个眼神，一次抬手等。

当然需要保证这些动作取消得掉，操作者可能需要和团队进行沟通，做一些小改善，比如怎么让作业者不用转身，不用抬胳膊就拿得到他想要的东西，这些东西应该放在什么地方。

取消动作中的不规律环节，比如将工具存放地点固定，形成习惯性机械动作等，使动作自然，有利于高效动作的习惯化。

很多时候大家突然离开自己的工作岗位，中断正在进行中的工作都是因为要去拿什么工具。

这个习惯在生活中也很常见，当你摆好所有的器具准备做一道大菜的时候，在炒菜过程中发现少了蒜，你急忙关上火，跑到冰箱里翻找，然后又打开火继续炒菜，这样你的炒菜时间自然是加长了的。

在生产作业中也是一样的，如果没有将作业使用的工具放在固定的地点，作业将带有很强的自主意识和随机性，那么动作很长，时间拖沓就会经常出现。

尽量取消或减少手的使用，如用手抓握、搬运等。

从人因学角度来说，手握得久了总会累的，累了总会影响效率，还容易受伤，所以有没有什么方法去取代手握？

我们也经常看到很多的工作人员在辛苦搬运比较笨重的模具和一些生产用的钢筋等等，那么可否改为配送，可有合适的台架和小型设备来代替人工完成搬运。

因为人一定要做价值最高的事情。而且也一直在重复不能有在线损失，不能有在线时间的消耗。

取消笨拙的或不自然、不流畅的动作，尽量取消必须使用肌肉力量的操纵，以动力工具去取代。取消必须使用肌肉力量维持作业姿势的动作，取消必须助动的作业。

这条总结起来就是凡是"反人类"的都应努力改善，按照人类进化学说，人从猿猴变成当下的人类后，肌肉量肯定是越来越少的，从另一个角度来说，这是社会进步的象征。

所以在精益里也是一样的，我们应该朝向智慧化作业，把生产作业提升到用人的"智慧"和"巧劲"去执行的层面。

减少对惯性、动量的克服。

惯性从另外一个角度来说叫作"顺势而为"，在作业中我们应该努力通过条件创造去使用惯性和动量而非克服。

我们中国成语真是博大精深，处处彰显了最高级的工作和生活智慧。我曾经听一位老先生讲过，中国古典文学里最有创意的当属《封神榜》，因为里面基本上都是当代已经实现的各种"神话故事"。比如"千里眼""顺风耳""雷震子""风火轮"，到现在不就是我们的手机、飞机、高铁，据说如果想做发明和科学研究的话，没有灵感的话就可以去《封神榜》里找找看，一定会有所获。

取消人直接参与危险的工作，杜绝危险性作业隐患。在危险作业的环节，要考虑机器代替人或者是完全取消人的操作。

2. 合并（Combine）

对于不能取消、非常必要的工序，就要考虑合并，以达到省时简化的目的，合并就是将两个或两个以上的对象变成一个。

如工序或工作的合并、工具的合并等。工序合并后可以有效地消除重复现象，有时会发现一些上下工序员工做的事情是重复的，比如检验环节上下环节的人都在做，就可以先取消一个检验，然后把这两个工序进行合并，合并后可以降低生产作业时间和工序之间的等待时间，然后也可以降低人员的投入，所以合并一般能取得较大的效果。

一些多功能工具的开发也是很有必要的，如果一个工序由多种工具去完成，在它被拿放寻找的过程本身也是时间的浪费，所以可以同时进行工具优化作业。

如果在作业过程中发工序之间的生产能力不平衡，出现人浮于事和忙闲不均时，就需要对这些工序进行调整和合并。

这些情况都属于让虚拟流水线失去节奏的要素，需要进行改善。可以考虑有些相同的工作完全可以分散在不同的部门去进行，去降低单一工序时间过长的问题。同时也可以考虑能将很多工序都合并在一道工序内，去降低单工序很短但是由于环节太多造成的时间拖沓问题。

3. 重排（Rearrange）

对于经过取消、合并后确实无法取消又无法合并的工序就要进行重排，使工序能按照最佳的顺序、流程进行工作。

重排就是通过改变工作程序，使工作的先后顺序重新组合，以达到改善工作的目的。例如，前后工序的对换、手的动作改换为脚的动作、生产现场机器设备位置的调整等。

具体进行实践的时候，可以对照作业观察表，从头到尾去履历一下工序的作业顺序，看看能否将作业前后顺序重新合理排序。

因为在作业观察表里可以统计每个人的工作时间和负荷，就会发现在生产线上确实存在忙闲不均的问题，这种忙闲不均并不能站在员工的角度上去评估是否公平，它最终都是对于生产线本身的损耗，所以我们必须将工作内容拆分、重新分配，使每位工序员工负荷一致，最终目标是要实现整体效率最大化。

站在人因学的角度来说，是有必要将双手的工作重新分配，使两只手的工作负荷均衡。而且同时进行作业，并且作业时相互对称，也避免人长时间单手操作的效率低下等问题。

4. 简化（Simplify）

生产工序经过取消、合并、重组之后，再对这些工作做进一步更深入的分析研究，考虑能否采用最简单的方法及设备，以最大限度地缩短作业时间，提高工作效率。

简化是一种工序细节的改善，是工序局部范围的省略，整个工序范围的省略就是取消，简化是取消"退而求其次"的选择，实在不能取消的就必须进入简化的思维模式。

所以当人们看到一个工序极为复杂，或者劳动强度过大的时候，人们的第一反应就应该是怎么能简单一点儿？

具体实践的时候，有一些特定的原则可以作为改善的参考。

如果一个作业动作距离过长的话，要考虑去尽量缩短动作距离，使工作能在正常区域内完成而不必移动身体，比如作业常用的工具和材料是不是可以放置在工作区域里，不需要一次又一次地取用。

减少每一动作的复杂程度，使用尽可能简单的动作组合。使用最低级次的动作，使动作幅度减小，像武侠小说里的降龙十八掌是很厉害但是动作也是很多的，那么能不能用六脉神剑一招制敌？

复杂的动作组合易让人疲劳，降低劳动效率，通过观察可以发现哪些动作是没有太大必要的，那就改掉它。

在日常的工作、生活中改，我们常常会感叹"习惯的力量"，如果一个人想养成好的习惯，那大概需要 21 天的时间，但是如果他已经养成了一个不好的习惯，这个习惯可能是用无数个 21 天养成的，大概率他会认为"那就是对的"，所以需要去发现和改善。

至于使用最低级次的动作，就是能动动手指头，绝对不动手腕，能动手腕绝对不动胳膊，能动胳膊绝对不转身，所谓武功的最高境界就是以不动应万敌。

保持在正常的工作区域内操作，使手柄、操作杆、足踏板、按钮等都在手足之处，在正常的区域内，让你的每一步操作都"唾手可得"。

利用动力、反作用力和惯性，尽量减少肌肉的使用。

在需要高强度肌肉力量时，借助惯性来获得能量帮助。上文讲过不要对抗惯性和动量,要"顺势而为"。注意有间歇有节奏地进行动作,人在没有节奏或规律的作业中容易疲惫,这也是节拍的另一个好处。节拍在赋予流水线节奏的时候,也同样赋予了作业人员的作业节奏,为了保证在一定时间内完成一定数量的工作,作业者的作业必须具有规律性。

还有就是在作业中要减少目光搜索、移动的范围与变焦、凝视次数。精益的"精"字,带有精细的含义。

你对管理的控制都能到眼神了,那么整体来看你的管理怎能粗放呢?

总之,ECRS是一个万能法则,它对每一道生产流程都适用。

ECRS原则针对每一道工序流程都引出四项提问,所以每一道工序都可以进行ECRS的自问及解决方案找寻。

在后续任何作业或工序流程中,都可以运用ECRS改善四原则进行分析和改善。通过一系列分析,简化工序流程,就一定可以帮产线找出具有更好效能的最佳作业方法及作业流程。

第十五章　5S 和目视化巧应用

我觉得 5S 工具是大家最熟悉，同时也最是被误解的一个工具。因为不止一个工厂里听到大家经常会问"今天的 5S 打扫了没有？"

"5S＝打扫"这件事儿真的是个误会。

5S 来自于 5 个日语单词，对应整理、整顿、清扫、清洁和素养这 5 层意思，是一种有效的精益工具。

上文讲的全员维护（TPM）这个工具，在工厂里使用的基础工具就是 5S。

怎么理解呢？就是工厂里的设备管理一般是从设备打扫开始的，多数设备故障都是灰尘和润滑不良造成的，由本点可以窥见 5S 工具的一些威力。

但是其实很多人并没有真正理解所谓"打扫"的核心意义是什么，从它的内涵意义开始，我们一起再来温习一下这个"最熟悉的陌生人"吧。

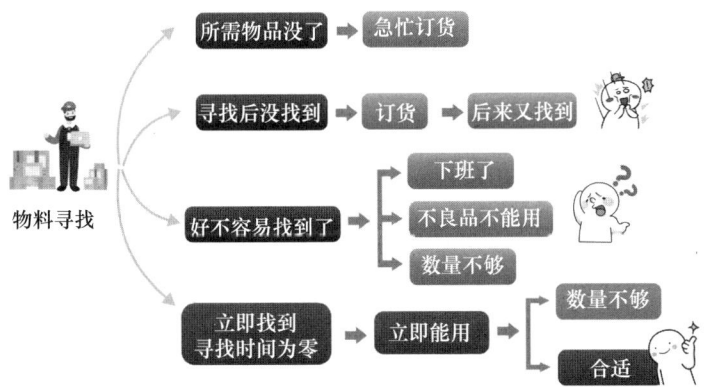

这是一个最常见的物料寻找百态图。这种事件，在工厂发生的频率是非常高的，那反过来，如果我们要改变这种相对混乱的现状，应该从哪里入手呢？

其实，一般我们认识的5S和它的内核相差甚远，往往看见的都是它的表象，5S的核心应该是改变人的思考方式和行动本质，然后提高工厂现场管理水准的活动。

如果所推行的5S没有"走心"，只是停留在做了没做这个层次，那么不是真正的5S，因为没有走心的5S是没有办法改变人的思考方式的。

5S起源地日本提出了"安全始于整理，终于整理整顿"的宣传口号。5S的意义也从此得到了一步步深化，从开始仅仅为了确保作业空间和安全慢慢延伸到生产和品质控制的需要，使应用空间和适用范围进一步拓展。

5S的最终目的是通过规范现场和物品，营造一目了然安全的工作环境，由此来培养员工良好的工作习惯，从而提升人的品质和习惯。

所以能把5S做好的公司会让员工养成凡事认真的习惯，当他不能对一个小的纸屑视而不见的时候，对于品质的要求也必然是极高的。所以这样的员工一定是认真且遵守规则的，我们精心设计的标准化文件才不会在员工这里成为摆设。

对于管理来说，设计什么样的规则永远不是最重要的，因为好的规则只有被执行才有用，顶层设计的优异无法确保执行力的贯彻程度。

很多公司的管理者会重复一个怪圈，他们会一直强调制度和规则。以至于有的公司的制度堪比"辞海"，但是，这些制度可以被执行吗？怎么保证这些制度的执行？这两个层面往往是企业所缺失的。

所以，不管是5S还是其他任何公司想实施的制度，制订的过程中一定要同步构想出执行画面来，一直深入下去，直到没有疙瘩，才能说这是一项可以执行的好制度。

1. 整理

作为5S的第一步——整理，简单来说就是将必须物品和非必须物品分开，保证我们的工作现场不放没用的东西。这样做可以有效腾出空间，防止被现场误用。

为什么要这么做呢？

如果工作岗位堆满了非必需物品，就会导致必需物品无处摆放。操作者可能希望加一张工作台来堆放必需品，这样就造成了浪费，并形成了恶性循环。

我们开展整理工作要有决心。不必要的物品应该断然地扔掉，该丢的东西绝不手软，需要对"留之无用，弃之可惜"的观念进行突破，必须挑战"好不容易才做出来的""丢了好浪费""可能以后还有机会用到"这些传统工业观念。

所以整理要有舍弃的智慧。我们必须面对不整理造成的空间浪费；因为零件或者产品过期不能使用，造成资金的浪费；因为场所狭隘，物品需要不断移动的工时和人工的浪费；管理非必须使用物品的场地和人力的浪费以及库存管理及盘点时间的浪费。

整理的三原则就是清理，清除和清爽。需要清理现场物品，区分必要还是不必要的，去彻底清除不必要的物品，最后保持现场清爽的状态。

（1）现场检查和区分整理

根据使用频率制订"要和不要"的基准，可以和现场工作人员一起来这个基准，在范围上一定要兼顾"看得见"和"看不见"，特别是死角区域，全部要进行"扫荡"式检查。

然后对这些物品进行区分整理，分清楚要的物品和不要的物品。

要的物品分为经常使用和不经常使用，经常使用包括随时，每天、每周使用的物品。对于超过一周的那么就要放置在仓库里，通过定期检查的方式保证生产需要，定期检查中过期失效或报废的物品要及时纳入不要品清单。

（2）清理不要的物品

分清楚要的物品，剩下的就是不要的物品了，清理不要的物品的前提是，制订处理程序，最核心的是区分使用价值和购买价值，给每一个"不要"的物品一个好的归宿设计。

比如无回收价值的一般垃圾要去垃圾站，化学品要经过特殊处理。有价值的废金属、废塑料、废纸箱，要给物资回收部门进行分类处理，而设备的部分则要考虑折价出售。

要强调的是一定要制订不要物品的处理程序，并且绘制不要物品的处理程序图，帮助企业去建立相关的闭环规则，同时要设计不要物的处理清单。

所以不要物不等同于垃圾，不能直接把所有的不要物品按照垃圾去一并处理掉。

（3）处置不要品和循环整理

在制订了相关的规则后，就可以让员工按照规则去处置相关的物品。对于处理方式、检查内容、频率等慢慢制订制度，并且保证这个制度是可执行的闭环。

在本书最开始讲的企业价值模型里，已经知道企业如果想不断地向前发展和进步，就必须保证自己的每一个轮子都是带有动力向前的。所以循环、有效的循环、进步的循环对于企业自身的成长有直接促进作用。

如果任何一个无法闭环的决策动作，在企业阶段仅仅是"做过"，那么这个动作对于企业未来并没有必然的意义，任何工具都是如此。

在工具部分的第一个章节，我们讲PDCA，希望大家在践行每一个工具的时候都可以用PDCA，这样，企业推行的才不是

"伪精益"。

2. 整顿

整理结束以后，就进入了整顿环节。为什么要尽心整顿呢？

在浪费意识已经深入心底后，我们必须去减少因寻找、等待、停止等方面产生的浪费。

一个想用的工具或者材料如果不在手边，就必须要停下来去做这些本没有意义的工作，就会让在线时间损失。或者本来就是有的东西，因为我们认为它没有而去重复购买，造成了资金的浪费。又或者因为缺乏整顿造成了计划变更和交货延迟，这些造成的浪费都很多。

整顿也有三个原则，首先是定品，就是把所有的物件名称进行标识，可以方便员工快速查找。以很多公司的半成品库现状为例，虽然每堆产品上都可以放置一个小的物料清单，但是由于产品型号众多而差异又极小，那么大家在找物料的时候去翻看这张小小的物料清单是不是一种浪费呢？如果不小心看错了，拉走了又拉回来是不是浪费呢？

第二个原则是定位，就是明确所有物品的具体放置位置。标识完只是第一步，规定了具体的放置位置，可以让寻找更加有效率。类似于进入一个大型的综合超市，蔬菜区、奶制品区、肉类区等区域都是明确的，然后在单独的区域内，每种物品又有其自身的放置规则，都是方便顾客一步到位拿取。

第三个原则是定量，所有的物品都规定了合适的数量，这里涉及安全库存的问题，即对"到底多少是适合的量"要进行规定。

（1）物品分类

在完成清理后，将有用的物品先进行分类，包括分清楚等级，制订相关的标准，为下一步的"分房子"打下基础。5S工作绝非是把不要的扔掉就好了，而是把要的部分安顿好，所以，叫作"整顿"。

（2）决定放置位置，放置数量以及放置方式

在科学的现场管理中有"定"的管理要求，针对人、物、场所三者之间的关系，做到"人定岗、物定位、危险工序定等级，危险品定存量，原材料、半成品、成品定区域"，使之达到最佳结合状态的一种管理办法。

首先，分析物品的取放时间，依使用频率决定存放位置。一般来说每日使用取放频率较高的产品一定要放置在离工作台最近的地方，并且便于取用。

然后，在放置数量方面则要考虑上下限，安全库存一般是最低库存，也要同步设置一个最高库存，防止数量过多物料造成资金占用和空间占用。

最后，在放置方式方面，有框架、箱柜及挂式等方式，内部应明显易见。尽量利用框架提高收容率；考虑先进先出；同类物品要集中置放；危险场所应有覆盖或栅栏等置放；清扫器具以悬挂方式放置；液体物料使用容器。

（3）画线定位和明确标识

针对不同的区域，要设定一致的画线方法（油漆、色带），设定划线标准（通道宽度、色带宽度、色带颜色区分），进行定位标记（采用不同线型：实线、虚线；线状：全格法、直角法、形迹法）。

然后对场所和品名进行标识，如有必要，还需要对物料状态进行标识。整顿的结果要达到任何人都能立即取出所需要东西的状态。要站在新人、其他现场的人的立场来看，什么东西该放在什么地方要非常明确。要想办法使物品能立即取出使用，要使用后要能容易恢复到原位，没有恢复或误放时能马上知道。

只有做到了以上这些，才算是完成了一个合格的整顿，操作者要记得持续改善。

3. 清扫

清扫就是将岗位变得无垃圾、无灰尘，干净整洁，将设备保

养得无故障，随时可用。它可以帮助我们员工保持良好的工作情绪；稳定品质；达到零故障、零损耗。

说起清扫，还得回忆下 TPM 里灰尘的故事，一粒小小的灰尘通过附着氧化，然后让设备关键部位产生锈蚀，继而松动脱落，引起部件变形和断裂，最终引发设备故障。

所以，清扫是尤为关键的，而且对于前两个环节，它是一种保障。

我们经过整理、整顿，必需物品处于立即能取到的状态，但取出的物品还必须完好可用，这是清扫最大的作用，所以，清扫就是对环境和设备的维护和点检。

（1）清扫准备及清除脏污

在清扫之前要对员工进行教育，要求工作责任到人，树立员工从我做起的清扫信念。在清扫过程中力求及时全面，不仅是表面即便是设备内部的关键部位也要进行全面清扫，同时清扫产生的废弃物要进行妥善处理。

清扫和设备点检可以同步进行，在这个过程中必然会发现一些异常情况，通过清扫，就是要充分暴露问题点。

（2）解决问题和制订基准

在问题暴露后，我们需要查找污染源（跑冒滴漏），然后分析产生这个问题的根因（5W），从根本上修理修复和隔离，并且做好闭环，预防再发生。同时制订相关的基准，确定清扫对象、方法、顺序、工具、重点、周期和区域责任者。

到现在，读者应该对于交叉使用精益的工具有深切的体会了，每一个工具其实独立使用都有很多限制，只有在不断使用中掌握了"交叉配合"的技巧，我们才是真正踏进了"精益的大门"。

（3）清扫活动的实战技巧

清扫活动的实战技巧

 接触原材料/制品的部位，影响品质的部位(如传送带、容器等)有无不需要的物品，有无不良品，有无螺丝松动脱落；

 设备驱动机械、部品(如链条、轴承等)有无过热、缠绕、松动，有无润滑油泄漏；

 仪表类指示值是否失常，有无管理界限，点检是否容易；

 配管、配线及配管附件有无说明/流动方向/开关状态，有无不需要的器具，有无裂纹、磨损；

 设备框架、外盖、通道、立脚点是否影响点检；

 其他附属机械(如容器、叉车、台车等)状态是否满足管理要求；

 保养用机器、工具是否利于放置、取用，是否清洁；

 清扫工具是否整齐放置，是否进行数量管理；

 防止碎屑飞散；

 具体的清理工作，如：清除常年堆积的垃圾，清除因油脂等飞散、泄漏造成的污染，清除金属面生锈，清除不必要的张贴物，明确不明了的标识。

4. 清洁

清洁就是将整理、整顿、清扫进行到底，并且标准化、制度化。通过清洁使之前的三步成为惯例和规定，并成为标准化的基础，促进企业文化形成。

所以清洁要成为一种制度，必须充分利用创意改善和全面标准化，从而获得坚持和制度化的条件，提高工作效率。

（1）清洁的推行步骤

清洁推行的第一个步骤是要彻底执行之前整理整顿和清扫的工作，要求全员参与，在宣传上要创造比较热烈的活动气氛。

要把前3个"S"做的有声有色其实还是有一些难度的，很多人做项目特别是精益的一些项目，容易成为"运动"式活动，对长久来说，会消耗大家对于精益的热情和信心，然后让好的东西慢慢消逝掉，这不符合企业动力模型的推进理论。

要在公开透明的基准下制订执行标准和检查评比机制，通过教育训练让大家了解"标杆"的定义和我们的期望，让大家的心中都有一杆秤，知道未来我们要成为什么样子。

目标导向在包括精益管理的项目管理中是异常重要的，当心中没有一个最终走向的目标，没有一个"未来好的"清晰的样子，所有的努力都是抓瞎，不聚焦就没有效果。

接着要让员工养成"整洁"的习惯，并让习惯并入公司的血液，打造一个"如果不整洁，就是不正常"的氛围。整洁是清洁的前置条件，也是零异常的基础。

我们需要建立"责任者"制度，明确员工及管理者的责任。这个区域的整洁由谁负责，应该达到什么状况要通过目视化进行展示，这样也会让问题得以显现，当我们检查到一个地方的时候，通过对比状态牌就能马上判断这个地方是否符合管理的要求，如果有问题，找哪个负责人进行处理。

最后要举行定期的检查、评价和竞赛，将这件事一直绷在弦上。对于检查的频率与规则需要在我们的制度里进行明确要求。对于检查出的问题可以发起全员提案改善（下一章节介绍的工具）进行共同解决。然后，记得持续改进，再到下一个动力轮转中，安于现状或者不再推进只能让企业下滑，这就是著名的斜坡理论。

（2）清洁工作推进的要领

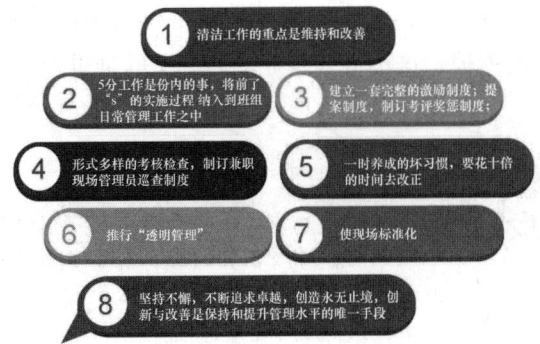

5. 素养

最后一个"S"素养其实更是一种结果，对于规定了的事情，大家都按照要求去执行，并养成一种习惯。它的目的是让员工遵守规章制度，培养良好素质习惯的人才。

5S 最终是为了提高员工的素质，员工素质的高低，只能通过行为来判断，所以素养是通过外在的行为规范来引导的。

美国斯坦福大学心理学家菲利普·津巴多(Philip Zimbardo)于 1969 年进行了一项实验，他找来两辆一模一样的汽车，把其中的一辆停在加州帕洛阿尔托的中产阶级社区,而另一辆停在相对杂乱的纽约布朗克斯区。停在布朗克斯的那辆,他把车牌摘掉,把顶棚打开,结果当天就被偷走了。而放在帕洛阿尔托的那一辆,一个星期也无人理睬。后来,津巴多用锤子把那辆车的玻璃敲了个大洞。结果呢,仅仅过了几个小时,它就不见了。

这个实验其实暴露的人心底的"恶",它在证明着人心底的"颓废心理""弃旧心理""从众心理"以及"投机心理"。如果不想不好的事情发生,那么就保持现场的规整,因为即使是在中产阶级社区,车如果被破坏了,也一定会有人来想办法偷走它。

所以,素养是贯穿执行力的通道。我们教导员工的道路是从不知道到知道,从知道到做到,从做到到做好,从做好到做巧,这一步步最终走向了期望的结果。

而所有我们不希望出现的异常物品及事件,也必须经由执行力的贯穿来实现,这就是素养的意义。

6.5S速记口诀

整理:需与非需 一留一清
整顿:科学布局 取用快捷
清扫:美化环境 拿来即用
清洁:形成制度 贯彻到底
素养:遵守制度 养成习惯

第十六章　提案改善（创意功夫）

工具的最后一章，来学习一个尤为重要的工具，也就是"提案改善"（创意功夫）。

福特前总裁里德·鲍林有一次去参观 TMMK（丰田所属位于肯塔基州的新车生产线）。鲍林沿着专门为他们设计的特殊路线进行参观，在这一过程中，他们可以去自己想去的任何地方，可以询问任何问题。

一个半小时之后，张富士夫（丰田前社长）问道："感想如何？"鲍林说："没看出什么特别的地方。"鲍林先生对这次参观非常失望，他没有看到自己所期望的东西。

参观结束之后，张富士夫将安排这次参观的团队集合起来，然后说："今天我们上了一堂非常有价值的课。我们拥有和福特相同的设备和系统，但是鲍林先生没有看到我们的竞争优势，那就是我们的员工。我们之所以会成功是因为拥有聪明的、人性的、非常成功的团队成员。"

有多少企业忽略了"员工创意的价值"？笔者的答案是，很多。

丰田的成功之处在于除却完整精密的生产系统，也将其员工打造成一个个企业动力的轮转，这些员工的智慧推动了丰田走向更高的地方。

同样面对丰田精密的管理系统，不同认知的管理者有不同的回答。

初级者答：库存少。

中级者说：生产系统流程结构，强制问题明确化、促进生产性提高和质量提高。

高级者说：因为反复发现问题和解决问题，所以没有了问题反而感到不安，于是大家竭尽全力搜寻问题，数万名的职员，处在中毒上瘾一般搜寻和解决问题的状态，这就是丰田的真正过人之处。

所以，管理者们，你们看到的员工是一台机器只是执行了指令就好，还是一个有创造力的解决问题宝箱，也决定着你们是什么等级的"管理者"。

精益到底是什么？

> 精益就是一种以人为中心，追求完美的思维方式和企业文化。

1. 提案改善的范围和作用

改善提案（创意）功夫就是基层员工在本职工作中的小改善。

它的实施主体为生产一线的普通员工，原则上属于员工自己本职工作中的改善，基本上都是小的改善活动，但是这些改善活动都已经实现，这个改善不会带来别的问题，改善成果可以被固化下来甚至形成制度。

与合理化建议相比，提案改善有很大的不同。

一般企业执行的合理化建议是先让大家进行提报，当审批后认为这是一个"可以改的"建议后，再由提报人进行执行。

合理化建议偏向于发现问题，从管理方式来说，更趋向于定指标下任务，注重物质奖励。从改善效果来说，合理化建议是只注重大的改善项目，由于提报上去的合理化建议只有一小部分才可以通过最终的审批，所以员工的参与度相对有限。

而改善提案项目执行流程为先改善，再提报。它趋向于解决问题，我们在项目管理上采用教练式引导方式，注重精神奖励和物质奖励的结合。提案改善注重改善过程中对人的影响，因此即便是微小的改善也会被关注到，从而激发出员工的参与热情，大家的参与度较合理化建议要高。

（1）改善提案的范围

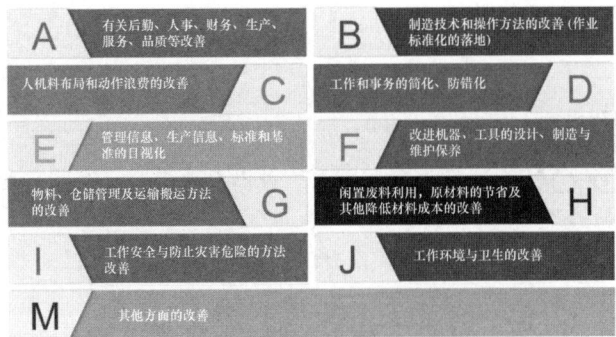

（2）改善提案的作用

①直接的改善效果。

从改善的范围就可以明白，通过提案改善可优化作业方法，创建明快的职业环境，提高作业效率，降低生产成本，强化技术开发能力，通过职场环境的改善降低安全风险，提高生产品质。

②改善对人的意义。

提案改善最大的意义是对人而言的，对员工而言，提案改善是自我价值的肯定。

通过自己的提案改善让自己的工作更轻松、更安全，即便是很小的改善也可以加强员工的责任感。提案改善还可以成就员工做成自己想做事情时的满足感和因克服困难而增强的自信心，给予员工成就感。

每一个提案改善最后都会让员工获得充实感和成长感，并获得他人的认可，让员工拥有中毒上瘾般的问题与改善意识。

对主管而言，提案改善是提高影响力和领导力的良方。

主管指导团队成员进行改善可以提高主管的专业知识和技能，帮助团队成员协调资源可提高主管的沟通能力和技巧，组织优秀提案进行发表可提高主管的表达能力和技巧。

主管利用创意功夫，帮助员工实现自我价值，赋予员工成长感、成就感、认同感，从而获得员工的尊敬，树立主管的影响力。

2. 提案改善的推进流程

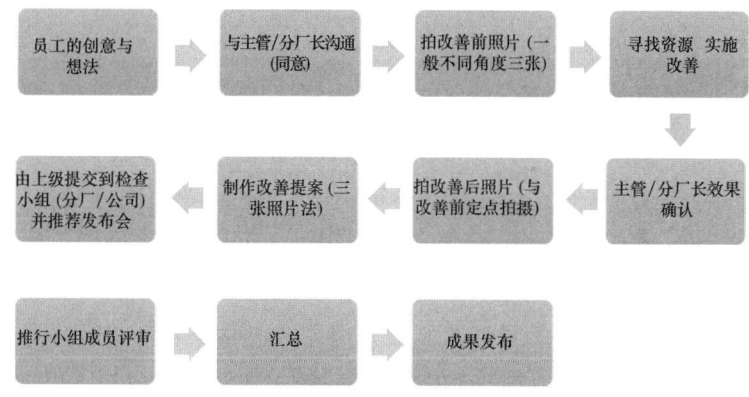

当员工有了创意和想法的时候，他可以通过和自己的主管去沟通改善实施想法，相关的主管和领导同意后就可以进行拍照，一般不同角度拍三张改善前的照片。然后由员工自己或者在主管领导的帮助下寻找相关的资源实施改善。

改善完成后，由主管及相关领导对改善的效果进行确认，并且还是采用定点拍摄的方式拍下改善后的照片,并制作改善提案说明。

上级将制作完成的改善提案提交到公司提案改善小组进行评审,通过评审分级汇总后,部分优秀的项目进行成果发布,其他项目按照文件进行奖励。

企业可以在改善实施的地方张贴带有员工照片的提案改善看板,对于员工来说是一种非常好的鼓励和激励。此外,也可以方便后来作业的人按照优化过的方式,使用优化过的工具等作业,这个看板就成为目视化管理的一个环节。

3. 提案改善的主题

在范围和流程都确定好以后,我们就需要让员工参与进来了,这个时候我们需要引导员工找到可以改善的点。改善主题一般有两种方式,一种是管理者根据实际需要策划改善主题,一种是从更加具象的角度找到突破点。

(1) 主题改善推进方式

主题改善推进可以将精益的理论快速切换,设备保全等具体工具模块对员工进行培训,然后每个主题培训完成后都发起一个相关的改善周或者月,让大家根据课堂上学到的知识进行改善。

在改善过程中,可以充分发挥团队的力量,大家可按照部门自由组织改善人员,利用脑力激荡,5W各种工具分析问题产生的根本原因,然后制订对策,在获得相关主管及领导的支持下进行实施,然后按照流程进行评比和主体改善会发表。

这种方式让大家对精益知识和工具的掌握都会更加牢固。很多企业做培训表现为"功利心"不强,培训就是单单做了培训而已,对于员工的知识掌握和使用其实并不是很关注,提案改善可以和任何的培训结合起来,并且可马上让培训知识显现化转化。

通过知识培训,然后让被培训者利用掌握的知识进行思考,进而找到解决问题的方案,把问题彻底地解决掉,这个体系才能真正帮助我们的主管和员工获得成长。

（2）特定角度改善推进方式

除了主题角度外，还可以选用特定角度作为提案改善的突破口。主要有四个角度，"不"字消除，"5S"和目视化，"TPM"自主保全改善点以及"作业改善"着眼点。

① "不"字消除。

"不"字消除是一个非常好的提案改善着眼点，我们要改善所有不安全，不方便，不舒适，不稳定，不环保，不省力，不环保等所有带"不"的作业。

"不"字消除，是一个兼具发散型和聚焦思维的着眼点，我经常采用的方式为思维导图引导法。

首先请参与培训的员工在一张白纸的中间写一个"不"字，这个"不"字要醒目，让大家用特别粗和有颜色的笔把这个不字"勾勒"出来。

然后，请大家围绕这个字进行发散，不后面加一个词语就是大家最常遇到的工作场景，包括安全，方便，舒适等。

这个"不"字场景具体是什么？写下来。

为什么会有这样的情况，它的根因是什么？用 5W 分析法分析出来，并写在纸上。

怎么去解决这个问题？请自己或者团队一起讨论出一个解决方案来。

至此，我们基本完成了一个"不"字消除提案改善发掘及共创过程。

② 5S 与目视化。

结合 5S 工具我们可以重点关注以下几个方面：

整理方面要看是否有长时间（一周以上）不用的物品？有没有损坏、过期、报废、停用的物品？要重点关注长期没有关注的地方。

整顿要看摆放位置是否方便拿取，是否影响操作？使用完之后是否知道应该归还何处？标识是不是清楚，会不会错拿错放？

清扫要关注灰尘、脏污的来源是哪儿？能否避免？灰尘和脏污能不能减少或收集？有没有办法让清扫更方便更省事？

结合 5S 工具，可以在 5S 过程中结合提案改善，一边发现问题一边寻找改善机会，改掉它，让现场变得清爽有型。

③ TPM 自主保全。

TPM 自主保全方面的提案改善可以关注微缺陷，发生源和困难部位三个方面，请回顾下之前的知识点结合提案改善进行一个组合思考。

微缺陷是单独发生时虽然没什么影响，但是多项微缺陷同时发生时的相乘作用对品质、效率会有直接影响的缺点。我们可以从以下几个问题找改善机会点。

该有的备品部件是否齐全？设备功能是否完整？设备运行过程有无异响、异味？振动是否正常？该有的螺栓是否齐全、紧固？

发生源是粉尘、脏污、油污等异物产生和出现的部位，如切削屑的发生、润滑管路泄漏、过量润滑油造成的污染等。首先可以考虑彻底消除污染源，如消除设备的跑冒滴漏现象。然后减少污染的出现，如合理设定加工余量和吃刀量以减少粉尘的发生还可以设置护罩使飞溅降到最低。

清扫困难部位是指不易清扫、不易点检、点检需要花费很长时间的部位。对于设备内部、角落等，扫帚及手难以伸进，可以考虑设计专用工具；压力表、液位表等标准范围不好记忆，可以在表面上进行目视管理；螺栓是否松动不好点检，可以划一条紧固线进行判断。

④作业改善着眼点。

作业改善逻辑来自于TWI-JM,之前的工具里有着重介绍过工作指导(JI),工作改善(JM)也是TWI中的一个非常重要的模块。

作业改善一共有四个阶段,分别是分解作业,自问细节,构思新方法以及实施新方法。

第一个阶段是分解作业,顾名思义就是把工作现状,包括细节毫无遗漏地记录下来。一般作业由搬运作业,机械作业和手工作业三部分组成。所谓细节,要详细到走到什么地方,拿起什么工具,向什么方向拧紧等。

第二个阶段是自问细节。为什么它是必要的?它的目的是什么?在哪里做好呢?何时做好呢?谁做最合适呢?什么方法好呢?(5W1H)

同时也要对相关的项目进行自问,包括材料、机器、设备、工具、设计、配置、动作、安全、整理整顿等环节。

在自问的过程中就会产生新的想法,以材料为例。是否可以使用更好、更便宜的材料?这个作业中产生的废弃材料可否被其他生产所利用?不良品和废品的比率是否降低到最低?

第三个阶段是构思新方法。可以去除不必要的细节,尽可能合并相关的细节,按照好的顺序重组细节以及简化必要的细节。也可以借助他人的力量进行思考,包括记录新方法的细节。

举个例子来说,可以把材料工具及设备放置在适当的动作范围内,利用重力的装置及下降的装置减少搬运,有效使用双手作业，用工具及安装用具来取代手的动作。

第四个阶段是实施新方法。要做到让新方法取得上司的接受，包括在实验期间也必须取得上司的许可。需要考虑如何让新方法获得部署的理解。取得相关人员的许可，包括安全、质量、成本核算和其他部门的许可。

在完成以上几个项目的基础之上，就可以进入新方法的实施。并且记住并承认在这个过程中别人给予的帮助和功劳，不然以后再作其他改善可能就得不到相关的帮助了。

第四部分

动力轮转之精益落地套路

了解了精益的基本原理,学习了一套标准打法,还进行了内外功研习,现在应该是可以在你所在的企业,工厂实践的环节了。

从理论到落地,绝非易事。

这世界上最难的两件事,一件是把你的思想放在别人的脑瓜里,一件是把别人口袋里的钱放在自己的口袋里。

这两件事,就是精益咨询。

学习了,没有使用,就不会产生效果。

即便现在,相信读者心中已经画出了一幅关于工厂的完美蓝图,甚至自己公司的小断点也在脑海中连了起来,形成了车体。轮子也用5S、TPM等等装好了。

但是,现在也只是在读者的脑中形成了一个虚拟的企业动力小车。如何化虚拟为现实,就是我们这个部分的重点。

第十七章　获得支持

自古以来，如果哪个变革者想搞出点什么东西来，他绝不是自己一个人就开始干了。没有一个人就可以干成的大事，变革如此，精益也如此。

我们需要领导的支持，需要下属的支持，需要项目执行过程中所有的人的支持。

所以，在你看明白以上精益的内核后，现在需要做的就是从不同的角度阐述出精益可以带来的效益，然后在公司内部获得一个支持。

"我要变革啦！"有人站在城墙上大声呼喊。

"变革有啥用？"城下的百姓们抬着头，带着疑惑的眼神看着他。

1. 少花钱的智慧

很多老板会疑惑地看着他，说精益能干嘛？当他的回答是生产效率的时候，老板们本就没有光彩的眼睛可能会更没有光彩。

但是这却是很多对不太理解精益含义的人第一反应和第一回答。

我们换一个说法，精益可以少花钱。老板的眼睛瞬间亮了起来，他会追着问，快说说怎么个少花钱。

所以，对于企业来说，"钱"真的是生命线，不管是多大的企业，少花钱真的是大家共同的追求。

随着市场越来越好，产能扩大是很多企业面临的最大问题。当产量扩大的时候，第一反应应该是更换设备，然后扩充产线，还需要扩建厂房。

市场部经理拿着PPT在台上兴致勃勃地介绍未来市场扩张战略时，领导眼前要花的钱已经从1000万到达1个亿。生产部经理眉头紧锁，心里盘算着员工的离职率和现在200多人的操作员缺口。

"我们的悲喜从不相通。"这就是企业不同管理者的心境。

当领导需要面对花钱，花大钱，花大大钱的时候，从精益的角度，可以这样进行建议。

"老板，我觉得有一种方式可以花小小的钱，不用买新的设备。"

"我们现在的设备，A、B、C、D各产能是多少我都算过了，现在瓶颈都是在A设备，现在如果要提高产能，可能需要购买一台新的A设备。但是经过我的计算A设备的换模时间太长了，如果采用快速换模的方式，产能可以提高一倍，那么正好就可以满足整线的需要。快速换模需要投资一台换模工具台车，大概要花几千块吧！"

"老板，我觉得新产线不用设计那么长。"

"现在老的产线，中间停顿点有八九个，还占用了很大的仓储空间，本来就是很浪费的作业模式，新的产线可以采用单件连续流模式，总的长度还不到原来的一半呢，那会省很多钱的。对了老板，我觉得把旧的产线改造一下，空下的地方可以把新的产线挪进来，这样准备隔壁新盖的厂房是不是暂时就不用扩建呢。"

少花钱的智慧经由这样的方式，就呈现在老板和领导们面前，这才是精益的准确表达方式。

2. 多赚钱的智慧

少花钱是一方面的，并不是所有的企业都面临产能提高需要花钱投资的情况。那么不需要投资的企业老板最关心的是什么呢？就是多点利润，多赚点钱呗。

"老板，我觉得我们那个原材料成本太高了呀。"

"原材料我计算了一下，损耗率达到了百分之七，如果损耗率下来，我们的利润就可以增加了。我看了一下，损耗率比较高的原因有 A、B、C、D 四个，其中最高的原因是 A，这个 A 原因并不是它表面的原因，大概率是由 E 的原因，所以如果把 E 给改了，那我们损耗率就可以控制在百分之三。"

老板心里的算盘已经开始上下飞舞了。除了材料损耗，比如一些线体用人比较多，单台设备效率比较低等，都是我们可以着眼汇报的突破点。

我们将精益中的方法进行组合去现实解决"钱"这个痛点，就会获得支持。有一些没有马上看到"钱"变化的改善，比如增加了运转速度以后，就会让原材料，半成品和成品库存减少，可以帮助公司提高资金周转率等等。又或者说现在企业面对的安全问题比较多，可以用发掘和提案改善的方式集中解决等也可以作为支撑点。

总之，这个阶段的我们，用精益思想和理论去解决企业现实遇到的难点，就会获得我们想要的支持，然后来到第二个关卡。

第十八章　找到突破口

其实笔者一直以来就认为精益的推动方式不是一成不变的，精益推行也未必都得借助外部咨询机构来进行。

就拿本书为例，最开始，我也是希望装配式建筑行业的从业者通过我这种"大白话"的方式明白精益的内核，然后直接套用书中的解决方式进行本公司精益推行。

但是，所有的工具理论都是开放的，不论你是不是装配式建筑行业，只要你能按照笔者的思路一步步这么走下来，那么可能在一定范围内发起一个精益的变革的。

很多时候，限制我们做多大的是我们的定位。

"你是谁"是一个非常重要的参照点，为什么大多数公司聘用外部精益咨询机构，因为我们常常可以站在"上帝的视角"去看待问题，有点儿像未来的自己来看现在的自己，也因为看多很多好的公司，所以总能甄别出来最核心最重要的点，然后设计出顶层规划，分步实施的套路来。

所以，如果不依托咨询公司来推进精益，本身的职位职责其实就会将其限制在一定的框架内，这种方法不是不可以的。

只要是开始,总是好的,让大家改变意识从而寻求从上到下的整体变革机会,对企业来说也是很重要的。

"你是谁",想推行精益的"你"是谁决定了"你"的推进范围和突破点,千万不能在这个阶段寻求"大变革"机会,也不能就把手伸到别的不能左右的部门领导人面前,大概率会失败。

1. 如果"你"是总经理

"你是总经理的话,还是来找我比较好。"

如果"你"是总经理,也已经接受了精益的全部思想和工具方法,"你"能信任这套系统给予企业的所有,确实可以考虑找专业的咨询机构进行总体诊断以及策划。

> 精益,"你"信则精,"你"用则益,这是笔者对于精益的解读。

在专业的诊断和策划后,依托专业的机构来全程规划指导实施其实是最有效率的一种方式,也可以避免企业走很多的弯路。

但是,如果企业不是你一个人说了算,还需要获得除"你"以外的其他高管和部门领导的支持,或者你也希望通过自行推动精益验证"精益"的含金量如何,是可以试试自行推动的。

其实,企业开始自行推动精益取得一定的效果后,在自己认知无法支撑发起更深层的精益推动后再寻找外力支持也是不错的选择。

因为大部分的精益推动项目,咨询师也是就此进入一个犹如小白的公司,很多车轱辘话来回转,这也是精益刚刚推动感觉"没什么用"的原因,大家还是很懵的状态,被推动的各位也没有像大家一样已经接受了我这10万字苦口婆心的解释和知识普及,自然是"有点抗拒的"。

不信则不为，少信则为之少矣。

总经理在公司内首先要寻找"同盟者"，通过和各个部门的主管领导进行座谈，让大家都说说遇到的一些实质性困难，总经理可以从大家的讨论中进行判别和筛选，哪个部门的点最痛？哪个部门的点可以马上想到用精益的工具可以解决？

找到目标以后，和这个部门的负责人再进行一次深层的恳谈，把精益的一些建构方法，工具和他进行充分交流，看看是否能有突破的点。

如果是设备备件金额较高，那么设备保养手段是不是跟不上？

如果现场比较混乱，5S是不是可以先做一下？

总之开始的时候，作为总经理的你要尽量从一两个非常显著的点上进行引导式推动。再下一步，可以"标杆复制"，然后慢慢拉高全局视野，从价值流的角度进行分析，让整个公司的人都参与进来。

2. 如果"你"是部门主管

如果"你"是部门主管，不管领导是公司副总、公司老总或是某个高管。第一步部门主管需要向他们汇报自己的想法，获得他们的支持之后再开展工作。

很多人说："我就是部门主管啊，不管我的部门再小，我在这个部门说了也是顶事儿的。精益我理解了，对工作好，我直接上就行了，哪里需要那么麻烦？"

这个想法，是不可有的。

自古以来，那些连个支持者都没有的或者有少数支持者的所谓变革者，下场如何？

而且，我们早就从"上帝视角"往下看过，精益是价值流的优化，这种优化也才最终可以为企业带来质的管理水平和经济效益提升。

当部门主管决定把精益带来进入工作中时，一定是站在"公司"的立场去策划整件事情。首先做的就是获得支持，然后产生效果，引发全公司的重视，然后让精益植根于公司，那么所做的那些一点一点的精益改善才有可能发挥出真正的价值来。

部门主管需要和其直属主管谈谈精益管理，然后选定工作管辖范围之内的任一个问题点，比如某产品质量问题，产线上的产能问题，用人问题，仓库管理问题等，告诉直属主管你的解决方案，方案可以产生怎样的效益或者效果，请求获得支持。

一方面，这是一个给领导"安利"精益的好方法，另一方面，在部门主管改善过程中，肯定还是会有部分资金投入，领导的支持是至关重要的。

3. 如果"你"是一个小主管

"你"可能只是一个部门的小主管甚至员工，也可能和生产运营没有关系，比如"你"是培训部门，采购部门的员工，那怎么推动精益呢？

首先，把小主管所控制的区域，即便是一个小小的办公桌，也要按照精益 5S 严格管起来，这样能表达你的态度，领导和同事也会被你的态度所影响。

此类人群可以向直属主管发起建议，在部门范围之内哪些问题可以通过精益解决，并提出建设性意见。

如果"你"是一个培训部门的主管，可以考虑策划一期精益主题培训，培训的要义就是精益的基本思维或者某一个具体工具。当你有认真看过本书这种直白的拆解后，相信读者具备了培训的基本技能，并可以寻求外部专业老师，也可以自己发起一个培训。

如果是最开始，笔者建议用"精益思想+5W+七大浪费+提案改善"做一个组合分享的，这种组合培训完就可以开始相关活动，把大家的积极性调动起来。提案改善不涉及特别专业的精益知识和手法，从激发大家热情和进行智慧共创的角度来说，是最合适的项目。

第十九章　来到现场寻找问题

在经过了试水的精益管理项目后，在之前效果还不错的情况下，我们必须为下一步的工作做一个策划了。

精益不能是"做一做""好吧""可以了""结束了"这样的。

下一步做什么？如果你是总经理的话，此时应该有更多的人把焦点放在"你"的身上，他们在等待你接下来的工作安排。

如果时机合适，"你"可以带着公司的主管一起到现场了。

之前我们解决的问题都是大家为了试水拿出的标志性问题，现在既然有一定的效果，要全面开始进行精益管理，当然要带着相关人员去现场找。

不去现场，是很难通过脑子的记忆找到问题的。这也是"三现主义"的核心，它指的是现场、现物、现实。管理者要到现场去，亲眼看到现物，认真探究现实，这样才能找到解决问题的正确思路。

做精益，多多少少有一些"水到渠成"的意思。人的思想，人的行动必须在火候到了的时候才能发生变化，现在做的工作可以认为是重要的铺垫，也或者就是重要的行动了。

现场可以从安全、质量、浪费、计划执行、秩序、设备状态几个方面去看。

对于所有企业来说，安全都是一道红线，企业的管理者首先要关注的就是安全隐患，在现场看"不安全"是非常重要的，我们在看的过程中也要和现场的主管及员工进行交流，问问他们在工作过程中,是否觉得哪个环节是不安全不稳妥的。

看看生产过程中的质量问题,在哪个工位产生的不良品比较多,不良的种类是什么,是什么造成的?这些问题要记录下来,如果有条件直接发起一个现场办公会,大家在现场就来解决这个问题。

针对到处放置的物料,搬来搬去的工具,我们可以把七大浪费的对照表拿到现场去,让大家一边走一边在发现的浪费上打对勾,进行详细记录。

如果现场有生产计划表,可以核对执行的计划和预订的计划之间是否有偏差,如有,是计划制订不科学还是在生产过程中出现等待或者其他异常现象?

还有某工作区域内聚集的人比较多,那就要考虑秩序的问题,这个工位需要这么多人吗?大家的分工是否合理?有没有进行作业分析?

设备方面,如果这个设备停了?是坏了吗?什么时候坏的?坏的原因是什么?维修上是否需要了困难?备品备件是否齐套?我们的维修保养记录有没有完备?

在任何时候,去"现场"真的对于管理者来说是非常非常重要的,好的管理决策不能脱离实际制订。

去现场的时候,人要尽量齐整,大家一起去发现问题,记录问题,讨论对策,并指定专门人员跟进执行,一定要以PDCA的方式进行。我们一直在强调"动力轮"转起来的重要性,自行推动精益的过程中,要建立"轮转"意识,架构适合于本公司的体系。

所有的问题可以分门别类进行备案,然后按照类别导入一轮一轮的PDCA,定期检讨制订新的对策。

很多公司的管理都是开放式的,出现问题无动于衷。笔者一直都在强调闭环的重要性,特别当带领公司进行分类自主精益推行时，就更要意识到闭环原则是你要执行的首要原则，因为那么多问题都被敞开，不仅会把既有的工作节奏打乱，也会无法保证这件事情的最终结果。

然后，别人都是时间的朋友，越来越好。只有你和你的团队是时间的敌人，头发最后都白了。

去现场也不能依据"天气不错，我们去看看吧！"这种心情指向，什么时候去？哪些人去？去什么地方？都要有详细的可执行的计划，应该在制度里。发现问题后要有问题的汇总和每周的进度跟进，然后下一轮的计划是什么。

环环相扣，我们才不至于相忘于江湖。

有始有终又有始，我们才能让企业获得长久的动力轮转系统。

第二十章　精益推动的持续性动力

　　精益的每一个工具，每一个系统都可以成为企业的动力机构，推动企业向前向上转动，但是，一个造血机构是不是更需要本身的动力呢？

　　精益很好，用了很有效，但是我们用什么保证持久地使用呢？

　　国内一般精益咨询项目都在两年到三年，甚至有一些做的不太成熟的咨询公司只能做一两期的项目，国内五年以上的项目绝对属于凤毛麟角。

　　从商务的角度来说，没有永远一成不变的买卖。

　　A当然不能赚B一辈子钱，但是精益你可以一辈子用啊。

　　很多公司在咨询团队离开以后，就慢慢忘记了精益这回事儿，更多的企业，在高管变动后，也就忘记了自己曾经做过精益。

　　从两三年做精益这件事来看，多少有点用。

　　但是从企业发展的角度甚至历史的长河来看，好像什么也没干过。

　　不管企业曾几何时推动过精益，现在只要决定让精益这个系统重新运作，保证它一直活着为你的企业发展提供动力，你可以这么做。

　　1. 从思想上和制度上先把"精益"当回事

　　有的企业的制度可以填满一间小屋子，但是它真的运转的就和哪吒的风火轮一样吗？制度不是我们打补丁的工具，当企业某个环节出现问题的时候，第一反应应该是找到问题的真正原因，先根治再用制度贴个小小的创可贴。但是大部分企业就直接把制度当成根治方法，先贴上，再有问题再制订新的制度，所以制度越来越多。

如果是这种类型的作业方式，我觉得精益很难在你的公司活下去，可以先复习下 5W 根因和 PDCA。

制度真实有效的情况下，大家都觉得"制度"真的是"制度"的情况下，为"精益"制订的制度就是"精益"可以活下去的保障。

在年度重要工作里，有没有把"精益"列进去。年度目标里，各个部门要怎样完成他们各自的精益目标。我们的部门高管每年要至少完成几个大型的精益类改善项目？我说的是大型，5S 整理整顿设备危险源识别这种就不要列进去了。

每个部门今年的精益任务都是什么，有没有数量的要求？人力部门，晋升制度里有没有精益项目积分，是不是只有积分达到一定程度才可以具备基本的晋升条件？

所有这些规定，都是你的企业动力轮源泉精益存在的必要条件。

2. 造血工具也需输血才能活得好

如果制度可以让精益活下去，活得好则需要必要的资金保障。精益是一个造血工具，它要活得健康，也是需要输血的，这就是资金。

笔者为什么没有把资金放在制度里去谈，是因为它虽然属于制度的一部分，但是也和财务息息相关且格外重要。

有一个公司的员工在材料上做了一个特别好的改善，一年光剩下的材料费就高达百万元，这可是一个重大的改善。

公司为了鼓励这位员工，奖励了 500 元。

没错，有制度的，公司的制度就是 500 元。

那公司就是不给这位员工500元不也给他发工资了吗？额外给的应该还是很高兴的。

员工拿了500元不久就离开了公司，然后去到这个公司的对手方工作，很短时间就给企业省了上千万元，他也成为公司技术骨干，年底拿到了公司分红和几十万的奖金。

有时候有制度是不够的，还得是好的制度。

员工走后，公司的提案改善更加寥寥，反正最低10块钱，最高500元，在寸土寸金的南方城市实在让大家对改善提不起兴趣，慢慢地，就不再有公司的员工提到"精益"这个词了。

我们必须要求财务部一起，对确实有重大经济效益及安全效益的精益项目，制订与项目效益匹配的激励制度，很重要，并非是随便制订的制度就可以。

只有大家从精益改善这件事上，看到了精神和物质的双重激励机会，才会将全部的精神聚集于此，从而发掘出更有价值的改善来，让"精益"时刻金光闪闪，绽放着金钱的美丽光芒，它才能一直在我们的心里。

由它延伸的各种工具系统，也才能持续转动下去。

经营公司，不管用不用精益，都应当给予那些能力超群的人相应的回报。不然留一些平平的员工在身边，他是不能上天下地的闹，也无法给我超出预期的惊喜。

第二十一章　正式推动的时候，敢不敢写出来

敢不敢写出来目标，决定着能否在实现目标的路上迈出一大步。

因为连写都不敢写的公司，抱着"试试看，推推看"的态度踟蹰前进的公司，很难获得绩效的突破。

那什么样的目标才是好的目标？整个制造业都以PQCDSM作为经营指向性指标，所以只要和制造相关，我们需要围绕这六个指标进行展开。

1. 指标里的道道

PQCDSM是分别代表生产效率、质量、成本、交货期、安全以及员工士气。

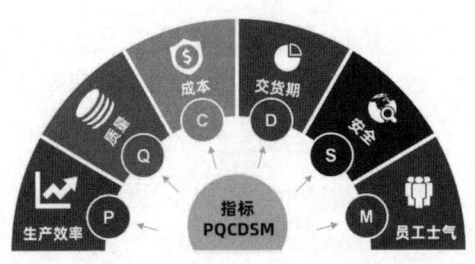

指标里的道道

如果简单就是拿这几个方面来判定一个公司管理的好坏，显然是不够的，每一个方面都要向下分解，然后才能得到每一层的管理目标。

那为什么要辛辛苦苦地推动精益呢？最终的结果一定是要指向这几个指标的。

现在来分解指标，看看我们到底应该在什么地方进行关注和管控。

（1）P是生产效率。效率一定是和工时相关，我们已经知道总工时等于机器和人工作业工时之和，如果要提高生产效率，就必须降低生产工时，那么就关注在提高设备效率、降低设备故障以及提高人员作业效率这几个方面。

在我们向下分解指标的过程中，其实管理的点和使用的精益工具就浮现出来了。在之前寻求支持那个篇章里，也在一直印证管理和财务之间的关系，指标也是一样的。

针对生产效率的相关指标制订，也就明确了，比如某产品工时是多少，目标降低多少等等。

（2）Q是质量。质量主要分为两块，一个是产品的质量，另一个是供应商的质量。丰田一直也在帮自己的供应商提升管理水平，是因为他们本身对质量的要求很高，供应商的质量好了对我们的产品质量是有直接促进作用的。

需要关注产品质量如何？不合格率如何？产品不良品主要在哪里发生？能否改善？所有的问号后面都会延伸出一个确切的数值和方案。

以产品主要不良率为例，是由什么造成的，根本原因是什么，怎么进行降低？现在的不良率是30%，目标是20%。

当每一个质量目标被清晰定义的时候，一般管理手段和路径都会明确。反之，如果制订的是一个非常不确切的数字，如"品质达成率98%"，这样的指标就是没有意义的。

好的指标是可以向下分解，并且在分解过程中就可以看到达成路径的，不好的指标就是无效指标，它的意义仅仅是"有"而已。

（3）C是成本。成本一般分为直接和间接成本。在不同的公司中，对于直接成本和间接成本的内容是不大相同的。但是核心的点就是当生产同样的产品，用的人越少（实际投入工时越短），设备效率越高（损耗越低），不良品越低的情况下，成本也就越低。

在定成本指标的时候，一定要有分解成本指标的动作。降低总成本的10%分解到人工成本上需要降低多少，物料需要降低多少，间接费用需要降低多少都是要同步制订。

没有分解的落地指标路径，就没有可以完成的指标。

一成不变的今天代表什么都不会改变。

（4）D是交货期。交货期关注的指标包括接单到出货的总的时间，准时交货率以及库存周转率。

要管控这些指标就要看看生产周期是不是还能再缩短？怎样提升准时交货率？采购部门要承担什么指标，生产和发运部门要做哪些配合？

所有在思考过程中出现的对策和指向的部门，都必须进行一定的分解指标承接。

（5）S是安全。包括工伤和虚惊事故。要降低相关的安全风险，从人的方面有没有策划一些识别安全风险的训练？设备保养和安全的控制是否跟得上？环境方面的关注包括巡检及事后督导机制是否足够？

安全的指标绝对不是大大的写着全年"0"事故的看板，而是要沉下来到每一级部门，甚至每一个人，这并非易事却必须为之。

（6）M是员工士气，员工士气在很多公司都是常常被忽略的。

因为很多公司压根不知道员工士气和哪些因素相关。我们要降低员工的流失率，包括在提案改善方面施行奖励制度可以鼓励员工充分发挥他们的聪明才智，还包括给予员工成长的信心和充足的培训，让员工觉知自己在进步，也包括具有竞争力的薪酬体系和晋升渠道。

员工士气也要制订相应指标，可以要求部门统计近三年的员工流失率，然后制订目标，各部门在拿到分解目标以后就会出台他们相对应的对策，然后执行。最终反映在公司层面，就是因为大家都完成了本部门的目标，也会促进公司目标的实现。

2.指标的落地执行

PQCDSM已经拆解好了，下一步就是执行的问题。

说到执行和执行力，似乎一直是一个很大的难题。很多高管说起下属来，一副恨铁不成钢的表情，说执行力怎么那么弱呢？

反问自己一句，给执行设定通道了吗？

执行通道就是执行力要走的路径，用一个不太恰当的比喻，管理者把员工带到一个陡峭的山脚下，并对他们说："用你们的执行力爬上去吧！"他们一没有工具，二没有轻功，三这山上没有路。执行力真的是执行了就可以吗？

执行力向下贯穿是需要分层会议制度来穿插的，通过各级会议的支撑以及会议后决议的执行，执行力才能由顶层直达基层，我们的目标才可以借执行力通道达成。

公司的PQCDSM指标的内容都清晰了，也知道怎么分解了，但是说到底还得由公司把这个指标定下来，白纸黑字写在制度上。写在制度上的数字可不能由一个人说了算，必须经过充分的讨论再决定，这样承担这个指标的负责人才不会大声抱怨"这根本实现不了"！

在公司准备制订具体指标之前，总经理需要和各位高层进行充分的研究。包括与负责人进行单独的沟通，讨论下希望改善的绩效目标，一定要听取大家内心真实的想法。然后也要充分让大家自己去谈面对的困难以及应对的方法。

讨论充分后，大家都认可新的指标和实现过程后，就可以进行发布。当然，不能随便弄个文件大家盖个章就可以，重要的是建立与之相关的流程机制来保证实现。

需要建立针对指标达成的专门会议制度，每月一次检讨相关的指标。关于PQCDSM的各项单独指标，要按月进行拆解，由各指标负责人负责每月汇报达成情况及下一步工作，在会议室里把年度的总体目标，月度目标做成管理看板悬挂起来，达到眼到心到指标到的三到效果，各指标总负责人的照片也贴在看板上他（她）负责的指标旁，进行长久激励或者长久鞭策。

各个总的指标往下分解到各个部门，又会有新的指标，那么每周在各个部门之间也要进行检讨会议，去定期关注行动和目标之间的曲线关系。

这个行动是否促使了目标达成？方向是否正确？我们要怎样进行路线纠偏？行动计划到底是什么？同样也要在部门内的显著位置去做与目标相关的看板，让大家可以在环境中一直与目标有一个共振，然后去指导相关的行为。

每个目标继续向下分解，就会来到班组那个级别。班组作为产线上最小的管理单元，在每天开早会的时候，布置相关任务的时候，就要兼顾上层目标指向这层管理任务，每天在交班的时候进行数据的检讨，分析对策。

我们以成本的主材消耗做一个例子说明，如果要控制一个材料的总消耗率（以钢材为例），第一层要分清属于厂房类，桥梁类还是其他类。第二层的厂房类要看是角钢，还是H钢或者是钢板。第三层H钢要看属于14A以下，24A以下还是36A以下。

每一层都要进行分别统计，然后进行分析，只有每一层具体的问题被分析出来，然后制订相应的措施去解决，才能最终完成总消耗率控制的目标。

这样，一个指标才算从空中落地，成为可以执行，可以指导的策略性方案，也才有了被真正实现的途径。

3.关于指标和工具，决不能踩的坑

这里的坑，就是由意识形态转为行动的坑。其实不仅仅是公司，连个人也常常会沉在坑里。

很多人喜欢把时间安排得满满当当，所有能学的技能全部要学会，当然也有致知于行的决心，把一个技能反复使用。这些不能说是很大的错误，但是从人一生的这个长度上来看，这个工具对于你最终要实现的那个目标是否真的有指向性就值得商榷了。

企业动力滚轮是需要工具的转动，需要PDCA的循环，但是这些轮真的构成了能达成企业目标的系统了吗？这个组合形态是否是完全准确？关于 PQCDSM 的指标怎样在我们的轮转系统里面实施？

　　这里就不得不提"课题"和"工具"的关系，这是在推进精益里最不可踩的一个坑，却被大家一直踩重复踩，踩了一年又一年。

　　管理工具有上百个，本书写的或者没写的我们一起来看看，5W，头脑风暴，QC 七大手法，IE 七大手法，程序分析，标准化，产线平衡，改善提案，看板拉动，快速换模，TPM，价值流分析，TWI 等。

　　管理工具帮助我们发现问题，分析问题，解决问题。看起来已经是一个完整的闭环，但是从层次上来看，其实还不够。

　　我们一直在讲企业的动力轮，它们都是动力轮，它们转就会产生动力，但是也许有些轮我们不太需要它发挥多么重要的功效，因为指向和承载那些核心指标的，一定是课题而非工具。

　　所以最底层的是工具，但是再高阶一层的是课题，然后指向定量目标，最终完成企业的定性目标。

　　很多企业由于不太懂得去分解和认知工具，有的企业一直在重复做某个工具，做得也很好，但是企业最终拥有动力可以滚动向上是需要课题支撑的，然后实现这个课题需要哪些工具，需要运用到什么层面就是需要设计和思考的。

　　请认识下面这张图，好好理解精益体系，至此本书也将笔者所有想和大家讲的理论全部阐述完毕了。

组织	定性目的	定量目标	课题	实现工具		
高层	股东满意 客户满意 社会满意 员工满意	1. 现金流 2. 销售收入 3. 利润	1. 方针管理（战略部署） 2. 项目管理 3. 生产计划管理 4. 工厂/车间产能提升	头脑风暴 鱼骨图 5why QC七大手法 IE七大手法	5S与目视化 连续流 改善提案 TBP 价值流分析	快速换模/线 合理化建议 A3报告 8D报告 SGA成品
中层	股东满意 客户满意 员工满意	1. 客诉率、客诉数、客诉成本 2. 来料不良率、一次合格率 3. UPPH、每日产量 4. 计划完成率 5. 库存周转数、周转天数	5. 品质提升 6. 目视化管理 7. 班组管理 8. TPM 9. 工厂布局 10. 精益物流	程序分析 车间布局 3P FMEA MSA	改善周 看板拉动 班组七大任务 产销一体 连动	管圈 TPM TWI PFEP TTT
基层	自己满意 上级满意	6. 生产周期 7. 设备利用率、设备完好率 8. 改善提案数	11. 创意功夫（改善提案）	生产线平衡 标准化	三级计划 Gemba walk OEE	BIQ QRQC

第二十二章　题外话——
信息化是工具还是债主

现在全国都在提信息化数字化，一个工厂如果说自己没有套系统，自己的工厂和"智能制造"没有关联，似乎就"落伍"了。所以很长一段时间，哪怕是现在，大家在一窝蜂地导入信息化或数字化。"听说你上了谁家的什么设备，我也赶紧来一套。"大家都恐落人之后，在未来面对同样的客户群时有点"上不了台面"，也会认为作为一种现在先进的手段总是能帮助我们一些什么。

笔者见过很多优秀的信息化系统，很多成熟的"智慧系"管理系统帮助管理者更好地管理自己的公司，很多好的OA（办公自动化）解放了每天在办公桌前手动批阅文件的管理者。这叫作信息系统为你所用，它是一种工具的形态。

但是，也有很多的系统，犹如给使用者上了一个紧箍咒，不管怎么干的，在系统里你就得这样。所以很多公司在上完信息化系统后还延伸出一个新的岗位，叫作信息化专员，这些人专门负责往系统里录数据，维持系统"运行"的样子，其实和真正的生产，根本就是两张皮。

那么，如何让信息化成为工具而非成为我们的债主。

1. 两天半导入的 Mini MES

前几日，帮客户导入了一套小巧简约的 Mini MES，用了两天半。

在帮助客户导入精益8个月以后，我们很认真地跟客户提出，

"该导入信息化系统了"。这是一个新兴的行业，是由一个传统的行业转型为工厂工业化的一个行业。

行业红利期，设备工艺系统蜂拥而进，一套并非为客户量身打造的信息化系统（更像是 App，不根据你的需求定制，而是提供菜单式服务）也能轻松获得大量客户。

但是，不为定制的系统犹如削足适履，不仅没有实际意义也让企业背负了较大的使用压力，其中就包含了为了信息化而信息化的与现实生产脱节的数据录入工作。

所以，我们一共用了两天半，现场导入了这个系统。它不仅可以用，数据全来自现场一线工人的录入，还配置了一个小程序，后期可以直接从手机端查阅各种状况。

怎么做到的？好奇吗？

2. 梳理流程和流程优化

这个梳理，不能假手于人，特别是信息化公司。

请自己踏踏实实地完成。

信息化公司无法在短期内掌握你的生产流程，也没有足够的专业知识去匹配工艺和管理之间的逻辑关系，更多的信息化公司做到的部分叫作"呈现"。

它需要告诉它预期，大家会预期所有的"美好"。但是事实上，没有科学梳理过流程的"完美架构"，本身就是皇帝的新衣。由于人们和信息化公司之间的语言不对等，你们各自的理解将有较大偏差，最后的呈现和应用也就可想而知。

所以，两天半导入系统是真，历时 8 个月的精益流程先行和软件架构以及两个月的软件开发也是真的。

我们先是帮企业看清楚自己的流程，然后优化了自己的流程，最后才由精益和信息化公司协同完成了软件的架构开发和异地环境测试工作。

当然，靠谱的客户也是非常重要的，硬件，网络等粮草先行工作步步紧扣，才最终成就了两天半完成导入培训的全部工作。

3. 信息化的"大而全"和"小而美"

其实，我一直都不反对信息化"大而全"的形态。打开一个系统，总要什么都有吧？

笔者在意的是"时机"，我们总听到"天机不可泄漏"，"机"是中国智慧里最神秘的一个词。一个好的系统，也要看"机"。

企业对信息化有一个误解，"好不容易"上一次，总得上全一点。所以大家会把能想到的模块都提给信息化公司，因为模块数量和总体费用有密切关联，信息化公司也乐得承接，在这个过程中还会根据既往经验再建议一些功能，这种做法从商务的角度来说无可厚非。

但是细想，这些模块和模块之间的关系，计划和库存，流程和计划，退料和库存，品质和退料等等，如果一次性都上了，在某个模块出现问题，这套系统还跑得下去吗？

我们应该把梳理清楚的先去上，跑跑看，然后接着架构和它关联的模块，再跑跑看，慢慢架构，从"小而美"逐渐走向"大而全"，而不是一下子就"大而全"。

当然，在做第一个模块的时候，系统里该留的口一定要设计好，实现顶层架构，分步实施。

这样，对客户是很负责的，只是对信息化公司的"商务层面"就会略显尴尬，会把整个系统的周期弄得很长，但是确实就会成为一个好用的系统。

4. 信息化 DEMO 推演

和精益的沙盘推演一样，再小体量的信息化也要经过 DEMO 推演再来上线。

沙盘推演，顾名思义，就是打仗之前，我们要在沙盘上规划要怎么打，大家都如临其境走到沙盘里真实地模拟实际生产过程。

信息化在上线之前，也必须要求信息化公司做出 DEMO 了，让信息化"眼见为实",大家也在这个过程去真实地体验操作系统的过程,这样就把信息化公司和我们的语言通过 DEMO 统一了,大家说的是一回事儿。

虽然对于信息化公司来说,这个事情可能又是额外的事情,但是它是必需的。而且,不能使用给其他客户做的案例来展示哦,只能是基于我的使用给我做的 DEMO。

对,有一些霸道,但是对使用者来说,有百利而无一害。

信息化是个工具,还必须是个好工具。

天下武功,唯快不破。也许我们使用了一两招拿手的,就可以江湖行走无忧,那为什么,要上那么多其实根本没有意义的模块呢?

企业最大的成本,就是试错。并且,因为试错,企业根本不知道自己付出了多大的成本。

选择需要的,选择适用的,从小而美一步步踏踏实实地走向大而全,就是我的观点。

让精益为我们所用,让信息化成为我们小车动力轮履带,这就是最好的模型。

让精益为我们所用,让信息化成为我们小车动力轮履带,这就是最好的模型。